이것도 인생이다
즐겁게 살다 간 사람들 이야기

■ 동양학 100권 발간 후원인(가나다 순)

　후원회장 : 정우영

　김기흥, 김재성, 김창완, 박남수, 박양숙, 박종거, 박종성, 백상태, 신성은,
　오경록, 유재귀, 유태전, 유평수, 이석표, 이세열, 이용원, 임종문, 전병구,
　정갑용, 정찬옥, 정철규, 정통규, 조일형, 최계림, 최영전, 최형주

　편집고문 : 박양숙, 김관해
　편집위원 : 김종원, 박문현, 송기섭, 이덕일, 이상진, 임헌영,
　　　　　　전일환, 조강환, 조혜자, 조응태, 황송문

[인지생략]

즐겁게 살다 간 사람들 이야기
이것도 인생이다

초판1쇄인쇄　2000년 10월 10일
초판1쇄발행　2000년 10월 15일

지은이 : 유태전
펴낸이 : 이준영

회장 · 양태조
주간 · 김창완
편집 · 홍윤정 / 교정 · 강화진 / 영업 · 안성균 / 표지장정 · 이아영
조판 · 태광문화 / 인쇄 · 천광인쇄 / 제본 · 기성제책 / 유통 · 문화유통북스

펴낸곳 : 자유문고
서울 영등포구 문래6가 56-1 미주프라자 B-102호
전화 · 2637-8988 · 676-9759 / FAX · 676-9759
등록 · 제2-93호(1979. 12. 31)

정가 10,000원

※잘못 만들어진 책은 구입하신 서점에서 바꿔드립니다.

ISBN 89-7030-303-0　04150
ISBN 89-7030-300-6 (세트)

異人奇行錄
즐겁게 살다 간 사람들 이야기
이것도 인생이다

유태전 지음

이것도 인생이다

머 리 말
●●●●●

　내 나이 벌써 인생의 수확기인 60세가 되었다. 이 결실의 시기에 박사 논문을 비롯해 그 간 연구해 온 논문을 정리할까 하다, 지난달 84세의 부친께서 노후 건강에 관한 책(2집)을 발표하신 것을 보고, 건강과 장수는 인생의 생활 목표라는 생각이 들어 이 책을 쓰기로 했다.
　인생이란 어떤 목표를 가지고 살아야 하나?
　사람마다 가치관이 다르겠지만 나는 봉사와 덕을 꼽고 싶다.
　우리 집안은 증조부님 때부터 어렵고 불행하고 배고픈 사람을 위한 봉사 사업을 가훈으로 삼고 지켜 오고 있다. 즐겁고 감사하는 마음을 가지고 봉사하면 봉사하는 사람은 마음이 편안하고 여유를 갖게 되어 인생에서 최고의 목표인 즐거움과 행복을 느낄 수 있고 건강을 유지할 수 있을 것이다.
　이런 이유로, 골치 아프고 어려운 철학적 해답이나, 종교적 설교에 빠져 더 복잡하게 생각을 뒤틀지 말고, 앞서간 사람들의 발자취를 더듬어 따라가 보면 아주 쉽게 삶의 방법에 대한 해답을 얻을 수 있을 것이라는 생각에서, 우리와 문화적 전통이 한뿌리인 중

머리말

국과, 우리 나라의 옛날 사람들이 살다 간 이야기를 모아 보았다.

때로는 불교에서 말하는 '할' 이나 '화두' 처럼 기상천외하게 살다 간 사람의 단 한 가지 일화에서 우리는 문득 무릎을 치는 깨달음을 얻을 수도 있고, 천의무봉한 옷을 입은 사람처럼 자유롭게, 정말 진정한 자유를 향유하며 살다 간 사람들의 이야기에서, 온갖 속박을 스스로 묶어 놓고 살아 가는 우리의 불쌍한 나날에 절망하기도 한다.

자유롭게 살다 간 사람들은 모두 해학과 유머의 참맛을 아는 사람들이었다. 오늘날 우리가 살고 있는 이 각박하고 살기 등등한 사회에서 한 마디의 유머, 한 장면의 해학은 사이다 한 잔보다 산뜻하고 가슴 시원한 인생의 진미임을 깨닫게 된다.

웃음·해학·즐거움, 그리고 행복을 느낄 수 있는 '즐겁게 살다 간' 사람들의 행적을 모아, 독자들이 즐겁게 읽고, 그 즐거움이 뇌세포에서 엔돌핀 등의 자율신경 자극 호르몬 분비를 촉진해서, 이 글을 읽는 분들의 인생이 더욱 즐겁고 건강해지기를 바라며 여러 글을 엮었다.

이것도 인생이다

　이들의 삶에는 때로 삐딱하게 살다 간 사람도 있고, 때로 황당무계한 전설을 남기고 간 사람도 있지만, 어쨌든 우리의 상식을 뛰어넘는 인생에서 우리는 절망의 벽을 뛰어넘을 수도 있다는 한 가닥 희망을 볼 수도 있을 것이다.
　다음 기회에 현대의 즐거운 이야기를 알릴 기회를 가지길 원하면서 우선 가볍게 읽고, 크게 웃고, 무겁게 느껴 볼 수 있는 기회를, 이 책이 제공해 주었으면 좋겠다.

2000년 9월
방배동에서

이것도 인생이다

차 례
· · · · ·

머리말 ··· 4

제1장 우리를 웃겨 준 사람들 / 15

호랑이와 처녀 ···16
고라니와 사슴더러 적과 싸우라고 할까요 ···18
말의 장례를 어떻게 치를까 ···19
영원히 살려다 일찍 죽은 사나이 ···21
술이 아니라 물입니다 ···22
사람은 안 보이고 금만 보여서 ···24
시체를 살 사람과 팔 사람 ···25
잃어버린 옷 ···26
자신의 죽음을 재촉한 재상 ···28
꿈에 당한 모욕 ···29
나라 싸움으로 번진 이웃 동네 처녀들의 장난 ···30
분위기에 따라 달라지는 주량 ···32
물귀신에게 심부름 보낸 서문표 ···35

제 2 장 이상한 사람들 / 39

조조를 놀린 좌자 ···40
여자들의 화장법을 보고 세상을 읽는다 ···44

차 례

소와 개가 말을 하면 ···45
화성에서 온 소년 ···46
하늘 궁전 구경 ···47
여자에게 추파 던지는 로봇 ···50
머리가 떨어졌다 붙었다 하는 사람들 ···53
누에가 된 딸 ···55
귀신 팔아 돈을 번 사람 ···57
슬픈 사랑 이야기 ···60
죽어서 시집간 공주 ···64
마시면 3년 동안 잠드는 천일주 ···67
명검 이야기 ···70

제3장 고집대로 산 사람들 / 77

아버지가 감옥 간 해 태어나 출옥하던 날 죽은 홍차기 ···78
장수가 된 계집종의 아들 유극량 ···81
올곧게 산 김수팽 ···84
부채 1천 자루에 시를 지은 이언진 ···87
하룻밤에 시 1백 수를 지은 이양필 ···89
볼기짝에 글씨 쓰게 한 정민수 ···91
붓을 어깨에 동여매고 글씨 쓴 조광진 ···93
중국 사신이 감탄한 안견의 대나무 그림 ···95
술에 취해야 화필을 든 김명국 ···96
그림 팔아 술 사먹은 최북 ···99
손바닥만한 연못에 쌀뜨물을 채우고 달을 즐긴 임희지 ···102
호랑이 새끼의 병 고쳐 준 양예수 ···104
까막눈 명의 김응립 ···106

늙은 국수와 젊은 도전자 김한흥 …108
권문세가 꾸짖은 거문고 명인 김성기 …112

제 4 장 득도한 사람들 / 115

이상한 거지 장 도령 …116
밥을 먹지 않고 산 책장수 …122
항문으로 물을 마신 김가기 …125
해일이 밀려올 것을 미리 안 사람 …127
홍수질 것을 예언한 늙은 거지 …130
물만 먹고 산 머슴 …133
홑옷 한 벌로 평생을 산 문유채 …135
선지피 술과 아기손 안주 …138
나는 새 없고 달리는 짐승 없다 …140
땀 흘리는 금불상 …143
소신 공양한 혜익 스님 …146

제 5 장 나라 말아먹은 여자들 / 149

주지육림 속의 말희 …150
충신의 심장을 꺼낸 달기 …153
웃지 않는 포사 …155
5대에 걸친 난세를 불러 온 여희 …158
남자들의 블랙홀 하희 …162
찡그릴수록 아름다운 서시 …167
3천 명의 남자 첩 거느린 측천무후 …170

차례

좋은 남자 주고받은 자매, 비연과 합덕 …173

제6장 성의 노예가 된 사람들 / 177

미인 선발 대회 연 수양제 …178
유부녀만 좋아한 해릉왕 …181
아무리 내 것이 작다 해도 …184
절반만 일어나 있습니다 …186
점잖은 도학자의 첫날밤 …187
여자가 좋아하는 남자의 다섯 가지 조건 …189
미인의 12가지 조건 …191
여성의 명기, 좋은 것 5가지와 나쁜 것 5가지 …192
남성의 명기, 좋은 것 5가지와 나쁜 것 5가지 …193
좋은 여자의 조건 …194
몸으로 시아버지 봉양한 며느리들 …196

제7장 인생을 깨달은 사람들 / 199

무엇을 어떻게 도둑질한 것인가 …200
아침에 석 되, 저녁에 넉 되 …202
인생은 낮과 밤이 반반이다 …203
사슴과 꿈 …205
산을 옮긴 90세 노인 …208
황하를 다 마신 과보 …211
위험 속에서 살아난 공자 …212
공자를 희롱한 두 아이 …215

공자보다 아는 것이 많은 아이 …217
인자한 도둑이 어디 있겠는가 …222
하늘에서 떨어진 쥐가 입으로 들어가니 …224
도둑이 준 밥 …226
그 개는 왜 짖었을까 …227
고기의 뱃속에 칼을 감추다 …228
과잉 충성으로 자신을 망친 사람 …231

제8장 세상을 조롱한 사람들 / 237

둥글둥글 중머리 말불알 같고 …238
원생원, 서진사, 문첨지, 조석사 …241
파자(破字)로 욕하기 …244
한글과 한자를 섞어 쓴 퓨전 시 …248
하나와 둘은 같지 않으나 …251
전무후무한 절창, 숫자로 쓴 시 …254
서당 훈장과의 하룻밤 …257
가짜 김삿갓 소동 …261
사람 같지 않은 사람과 도둑놈 같은 일곱 아들 …265
친구 아내 골려주기 …268
거짓말내기 …273
쥐똥약과 오줌술 …278

제9장 똑똑한 여자들 / 281

만리장성과 진시황과 맹강녀 …282

차 례

말 한 마디로 왕후가 된 못생긴 노처녀 …288
맹자의 잘못을 지적한 아내 …292
어머니의 훈계 …294
임금의 늦잠 버릇을 고쳐 준 왕후 …296
남편을 출세시킨 아내 …298
남이 주는 것을 먹으면 부림받게 된다 …300
반찬이 많아지면 걱정도 많아진다 …303
노처녀의 나라 걱정 …305
의로운 몸종 …308
아버지를 살린 딸 …311
말 잘하는 시골 여자 …314

① 우리를 웃겨 준 사람들

호랑이와 처녀
고라니와 사슴더러 적과 싸우라고 할까요
말의 장례를 어떻게 치를까
영원히 살려다 일찍 죽은 사나이
술이 아니라 물입니다
사람은 안 보이고 금만 보여서
시체를 살 사람과 팔 사람
잃어버린 옷
자신의 죽음을 재촉한 재상
꿈에 당한 모욕
나라 싸움으로 번진 이웃 동네 처녀들의 장난
분위기에 따라 달라지는 주량
물귀신에게 심부름 보낸 서문표

호랑이와 처녀

따뜻하고 나른한 봄이 왔다.
지루하고·긴 겨울이 가고, 삼라만상을 움츠리게 하던 추위도 물러갔다.
어제 내린 봄비가 개고, 화창한 날씨에 포근한 햇볕이 꽃봉오리를 쓰다듬어, 그 요염한 입술을 벌리게 하고 있었다.
지난 겨울 내내 바위굴에 웅크리고 누워 추위에 떨고 배고픔에 시달리던 호랑이가, 기지개를 켜고 굴 밖에 나와, 해바라기를 하며 한숨 늘어지게 낮잠을 자고 나서, 슬슬 먹이 사냥에 나섰다.
눈이 녹아 흐르는 계곡물로 목을 축이고, 어슬렁어슬렁 계곡을 따라 산 밑으로 내려왔다.
산자락 끝에 있는 웅덩이에 이르르니 지금 막 피어난 꽃송이 같은 처녀가, 백옥 같은 흰 속살을 드러낸 채 삼단 같은 머리를 감고 있었다.

호랑이는 이게 웬 떡인가 싶어 '히야 좋구나. 맛있겠다.'는 탄성이 저절로 나왔다. 앞발로 입을 가리고 터져 나오는 기쁜 웃음을 참느라 애를 써야 했다.

호랑이는 행여 소리를 듣고 벅잇삼이 도망이라도 가 버리면 어쩌나 싶어, 뒷산으로 올라가 '어흥, 어흥' 환희의 소리를 지르고는, 다시 산을 내려와 웅덩이께로 갔다.

아니 이게 웬일인가? 처녀는 온데간데 없고, 처녀의 체취만이 산수유 향내인 양 남아 코끝을 간질이는 것이 아닌가.

호랑이는 살금살금 웅덩이로 다가가 처녀가 머리 감던 자리에서 헛물만 들이켜고는, 아쉽다는 듯이 입맛을 다시며 산으로 올라갔다.

좋은 기회란 놓치면 다시 오지 않는 법, 좋은 기회가 왔을 때 최선을 다하여 구하지 않고, 자만하면 그 좋은 기회는 처녀처럼 슬그머니 자취도 없이 사라지고 만다는 교훈을 주는 일화이다.

요즘 말로 리듬, 즉 타임을 잘 맞추어야 한다는 '정인보 문집'에 있는 이야기다.

17

고라니와 사슴더러 적과 싸우라고 할까요

진나라 시황제 때, 말솜씨가 빼어난 우전이라는 난쟁이 배우가 있었다.

어느 날 시황제가 전용 사냥터를 크게 늘려 동쪽은 함곡관까지, 서쪽은 옹 지방까지 넓히는 게 어떻겠느냐고 신하들에게 물었다.

우전이 이렇게 대답했다.

"참으로 좋으신 생각입니다. 그 안에 수많은 새와 짐승 들을 기르다가 적이 쳐들어오거든 고라니와 사슴더러 적을 걷어차게 하면 될 것입니다."

우전의 해학에 시황제는 자신의 실책을 깨닫고 그 계획을 중단했다.

말의 장례를 어떻게 치를까

초나라 사람 우맹은 원래 악사(樂士)인데, 키가 8척 장신이요, 말솜씨가 뛰어났다.

초나라 장왕이 몹시 아끼는 말이 있었는데, 아름다운 비단옷을 입히고 대추와 말린 고기를 먹이며 심지어 침실에서 재우기까지 했다. 그렇게 아끼는 말이 운동 부족과 비만증으로 죽고 말았다.

장왕은 사랑하는 말이 죽자 모든 신하들에게 상복을 입게 하고, 대신의 예에 준하여 장례를 치르게 했다. 신하들이 부당하다고 반대하자 장왕은 이렇게 선언했다.

"누구든 말의 장례 문제로 왈가왈부하는 자는 사형에 처하겠다."

이 말을 들은 우맹이 대궐문을 들어서며 대성통곡하니, 장왕이 그 까닭을 물었다.

"그대는 어인 일로 대성통곡하는가?"

"전하께서 애지중지하시던 말이 죽었는데, 우리 초나라 같은 강

이것도 인생이다

대국이 아무 일도 할 수 없다니요. 대신의 예에 준할 것이 아니라 왕에 준하는 예우로써 장례를 치르게 하십시오."
"그래? 어떻게 하는 것이 왕에 준하는 예우인가?"
"관 속에는 보석을 아로새겨 박고, 무늬를 새긴 나무로 바깥 관을 짠 다음, 단풍나무와 꽃 등으로 장식합니다. 군사를 시켜 무덤을 파고, 노인과 아이 들을 동원하여 흙을 나르게 하며, 제나라와 조나라에서 온 조문 사신들을 관 앞에 열지어 세워 놓고, 한나라 위나라에서 온 사신들은 뒤쪽 경비를 서게 하십시오. 그리고 훌륭한 제물로 제사를 올리며, 앞으로 계속해서 제사를 모실 수 있도록 1만 호의 고을을 말 몫으로 마련해 주십시오. 이렇게 하면 세상 사람들은 전하께서 말은 소중히 여기면서 사람을 천하게 여긴다는 것을 알게 될 것입니다."
장왕은 우맹의 말을 듣고 한숨을 쉬며 말했다.
"나의 허물이 그토록 크단 말인가. 이를 어찌 하면 좋은가."
"전하께서는 말의 장례를 가축의 예우로 치르시면 됩니다. 아궁이를 바깥 관으로 하고 가마솥을 속 관으로 합니다. 고기는 잘게 썰고, 생강과 대추를 넣고 장작불로 푹 삶아서 쌀밥으로 제사를 지내고, 아름답게 타오르는 불빛을 배경삼아 사람의 뱃속에 장사를 지내면 될 것입니다."
장왕은 주방 담당 관리를 불러 말을 처리하도록 지시했다.

영원히 살려다 일찍 죽은 사나이

도술을 좋아하는 사람이 있었다.

늙지 않고 죽지 않는 도술을 익히기 위해 티끌 세상을 버리고 산 속으로 들어갔다. 바위굴에 살면서, 곡식을 먹지 않고 솜 넣은 옷을 입지 않고 오로지 도술 공부에만 전념했다.

어느 날 저녁 다른 날과 마찬가지로 바르게 앉아 늙지 않고 죽지 않는 도술을 익히고 있는데, 그날따라 굶주린 호랑이가 굴로 찾아들어 순식간에 그를 잡아먹어 버렸다.

영원히 살기 위해 도술을 익혔는데, 그는 오히려 호랑이의 밥이 되는 신세가 되어 제 명 대로도 살지 못하게 된 것이다.

술이 아니라 물입니다

초나라와 진나라가 싸웠다. 한참을 싸우다 잠시 쉬었다가, 휴식을 끝내고 다시 싸우기 위해 전열을 가다듬고 마주 섰다.

초나라 장수 자반이 말 위에 앉아 적진을 바라보다가 갈증이 나서 부관에게 물을 가져오라고 명했다.

그런데 부관이 가져온 것은 물이 아니라 술이었다.

"이건 술이 아니냐. 싸움을 앞둔 장수가 술을 마셔서 되겠느냐."

자반이 꾸짖었으나 부관은 "이것은 술이 아니라 물입니다." 하면서 다시 권했다.

"어서 치우지 못할까."

자반이 큰 소리로 물리치는데도 부관은 끝까지 "이건 술이 아니라 물입니다." 하고 권하는 것이었다.

자반은 갈증이 너무 심하기도 했지만, 워낙 술을 좋아하는 사람이라, 코 앞에서 풍기는 술 냄새의 유혹을 견디지 못했다.

우리를 웃겨 준 사람들

　자반은 원래 술을 몹시 좋아해서 일단 술을 입에 댔다하면 술병을 입에서 떼지 못하는 사람이었다. 자반의 그러한 취향을 잘 아는 부관인지라 자반을 위해 술을 가져온 것이다.
　잔뜩 들이킨 자반은 술에 취한 채 나가서 싸웠다.
　한바탕 싸움이 끝나고, 다음 전투를 위한 작전 회의를 하기 위해 초나라 왕이 지휘관 회의를 소집했다. 자반은 술에 취한 채 왕 앞에 나갈 수가 없어 '아프다' 는 핑계를 대고 회의에 참석하지 않았다.
　왕은 장수가 아프다는 말을 듣고 위문하기 위해 친히 자반의 막사로 찾아갔다. 막사 안으로 들어가니 술 냄새가 코를 찔렀다.
　왕은 돌아와 탄식하며 말했다.
　"오늘 싸움에서 나는 부상했고, 장수는 술에 취해 저 모양이니 큰일이구나. 전쟁터에서 장수가 술에 취한 것은 나라를 지키겠다는 충성심이 없기 때문이요, 부하들의 목숨을 지켜 주겠다는 책임을 망각한 행동이 아니겠는가. 나는 누구를 믿고 싸울 것인가."
　왕은 싸움을 포기하고 군대를 거두어 밤중에 적군 모르게 후퇴했다. 도성으로 돌아온 왕은 곧바로 자반의 죄를 물어 참형으로 다스렸다.
　부관이 자반에게 술을 갖다준 것은 술을 좋아하는 장수를 위한 답시고 제딴에는 충성심에서 한 일이었지만, 참형을 당하게 하는 결과를 빚고 만 것이다.

23

사람은 안 보이고 금만 보여서

　금을 몹시 갖고 싶어하는 제나라 사람이 있었다.
　어느 날 그는 한낮에 보석상에 가서 많은 사람들이 구경하고 있는 가운데 금을 낚아채 달아나다 포졸에게 붙잡혔다.
　"밝은 대낮에 사람들이 많은 가운데서 남의 금을 빼앗아 달아나다니, 도대체 왜 그런 짓을 했는가?"
　포도 대장의 추궁에 그는 멍한 얼굴로 말하였다.
　"제 눈에는 사람들은 보이지 않고 금만 보였습니다."

시체를 살 사람과 팔 사람

정나라에 사는 부자 한 사람이 강을 건너가다 물에 빠져 죽었는데 강가에 사는 사람이 시체를 건져 냈다.

죽은 사람의 아들이 시체를 건져 낸 사람에게 사례를 하고 시체를 넘겨받으려 하는데 너무 과한 돈을 요구하는 것이었다.

죽은 사람의 아들이 궤변가인 등석에게 찾아가 사정을 말하니 등석이 이렇게 조언했다.

"걱정할 것 없소. 그 사람이 다른 사람에게는 시체를 팔 수 없을 것이오."

이번에는 시체를 건진 사람이 등석에게 찾아가, 부잣집에서 너무 째째하게 군다고 불평하니 등석이

"걱정할 것 없소. 그 사람이 다른 데 가서 시체를 살 수는 없을 것이오."

하고 조언했다.

잃어버린 옷

송나라 사람 징자가 몹시 아끼는 검은색 옷을 잃어버렸다.
징자가 거리를 걸어가는데, 한 여자가 검은색 옷을 입고 있었다. 징자는 그 여자에게 다가가
"내가 검은색 옷을 잃어버렸는데 당신이 입고 있구려."
이렇게 말하면서 옷을 벗으라고 요구했다.
여자는 어이가 없었다.
"선생께서 검은색 옷을 잃어버렸다고 하지만, 이 옷은 내가 손수 만든 것입니다."
징자는 옷을 붙잡고 놓지 않으면서 이렇게 말했다.
"당신은 나한테 옷을 빨리 주는 것이 이익일 것이오.
왜냐 하면 내가 잃어버린 옷은 비단으로 만든 것인데, 당신의 옷은 삼베로 만든 것이지 않소. 삼베옷으로 비단옷을 갚으니 당신에게 이익이지 않소이까."

이 말을 듣는 순간, 여자는 빨리 옷을 벗어 주는 것이 이익일 것 같은 생각이 들었다.

자신의 죽음을 재촉한 재상

송나라 왕이 재상인 당앙에게 물었다.
"나는 많은 사람을 죽였다. 그런데도 신하들이 나를 두려워하지 않으니 그 까닭이 무엇인가?"
"전하께서 죽인 자들은 모두 잘못을 저지른 자들입니다. 잘못을 저지른 자들만 죽이시니 잘못을 저지르지 않은 신하들은 전하를 두려워하지 않는 것입니다.
전하께서 모든 신하들이 전하 앞에서 두려워 떨기를 바란다면 잘하고 잘못하고를 가리지 말고 기분 내키는 대로 죽이십시오. 그러면 모든 신하들이 두려워할 것입니다."
송나라 왕은 오래지 않아 당앙을 죽였다. 당시 당앙의 대답은 대답하지 않은 것만 못했다.

꿈에 당한 모욕

제나라 장공 때 빈비취라는 장사가 있었다.

그가 어느 날 밤에 꿈을 꾸었는데, 그 꿈이 영 이상했다.

흰 비단으로 만든 관을 쓰고, 붉은색 관끈을 달고, 흰색 새 신발을 신고, 검은색 칼을 찬 장사가 얼굴에다 침을 뱉는 것이었다.

빈비취가 깜짝 놀라 눈을 뜨니 꿈이었다.

날이 밝자 친구를 찾아가 어젯밤에 꾼 꿈 이야기를 했다.

"나는 젊어서부터 내 나이 환갑에 이르도록 남에게서 모욕을 당해 본 적이 없네. 그런데 간밤 꿈에 큰 모욕을 당했네. 내 얼굴에 침을 뱉은 자를 기어코 찾아 내서 내가 당한 모욕을 갚아 줄 생각이네. 만약 그놈을 찾지 못한다면 차라리 죽어 버리고 말 것이네."

빈비취는 그 날부터 거리에 나가 꿈 속에서 자기 얼굴에 침을 뱉은 사람을 찾았으나 열흘이 지나도록 찾지 못했다.

그는 집으로 돌아와 스스로 목숨을 끊고 말았다.

나라 싸움으로 번진 이웃 동네 처녀들의 장난

 중국 춘추 전국 시대, 초나라와 오나라가 국경을 이루고 있는 변두리에 초나라에 속한 비량이라는 마을이 있었다.
 비량 마을에 사는 처녀가, 오나라에 속한 이웃 마을 친구와 함께 뽕잎을 따면서 장난을 하다가 상처를 입었다.
 비량 마을 사람들이 상처 입은 처녀를 데리고 이웃 마을에 가서 '왜 상처를 입혔느냐' 고 항의했다.
 이웃 마을 사람들은 친구끼리 장난하다 입은 상처를 가지고 별스럽게도 군다고 대수롭지 않게 여기고 사과를 하지 않았다. 이에 화가 난 비량 마을 사람들은 이웃 마을 처녀의 아버지를 죽이고 돌아갔다.
 일이 이렇게 되자 이웃 마을 사람들이 이번에는 비량 마을로 몰려가 상처 입은 처녀네 가족을 다 죽이고 돌아갔다.
 비량 마을이 속한 고을 사또가 이 사실을 보고받고는 군대를 보내 이웃 마을을 짓밟고 늙은이 젊은이 어린이 가리지 않고 다 죽이고 돌아갔다.

오나라 왕이 이 사실을 보고받고 크게 노하여 군대를 보내 비량 고을을 쑥대밭으로 만들었다.

이렇게 해서 초나라와 오나라는 큰 싸움이 벌어지게 되었다.

오나라의 공자 광이 대군을 몰고 가 초나라의 도읍을 유린했다. 초나라 왕은 도망가고 왕비는 광에게 붙잡혀 오나라로 끌려 갔다.

우리 속담에도 아이 싸움이 어른 싸움이 된다는 말이 있는데, 이 초나라와 오나라의 전쟁은 원인이 너무 우습고 결과가 너무 엄청난 싸움이었다.

분위기에 따라 달라지는 주량

 중국 춘추 전국 시대, 제나라 사람 순우곤은 키가 몹시 작아 볼품이 없었지만 말을 매우 잘해서 외교관으로 명성을 날렸다.
 제나라 위왕 8년에 초나라가 쳐들어왔다. 위왕은 순우곤을 조나라에 보내 구원병을 청했다. 이 때 위왕은 조나라에 보낼 선물로 금 1백 근과 말 40필을 내놓았다. 순우곤은 하늘을 우러러보며 크게 웃었는데, 그 바람에 관의 끈이 끊어졌다.
 "그대는 왜 웃는가?"
 "신이 전하의 부름을 받고 오는 도중에, 돼지발톱 한 개와 술 한 잔을 올리면서 풍년을 빌고 있는 농부를 보았습니다. 그 사람은 '높은 산비탈에는 광주리에 가득 찬 수확을, 낮은 들에는 수레에 가득 찬 수확을, 오곡이 잘 여물어서 집 안 구석구석까지 가득 차게 해 주소서.' 하고 빌고 있었습니다. 저는 그 사람이 고작 돼지발톱 한 개에 술 한 잔을 올리면서 엄청난 것을 바라는 게 우스워서 웃음이 나왔습니다."

위왕은 순우곤의 말을 듣고 아차 싶어, 금 1천 근과 말 4백 필, 구슬 10쌍을 선물로 내놓았다.

순우곤은 이 선물을 가지고 조나라에 가서 정병 10만과 전차 1천 대를 얻어 돌아왔다. 조나라의 구원병이 온다는 소식을 들은 초나라는 놀라서 군대를 거두어 돌아갔다.

위왕은 순우곤의 노고를 치하하는 잔치를 베풀었다.

위왕이 술잔을 순우곤에게 권하며 "그대는 주량이 어느 정도인가?" 하고 물었다.

"전하 앞에서 술을 마시면, 전하의 좌우에 신하들이 늘어서 있으므로 저는 황공하여 엎드려서 술을 마시기 때문에 한 말을 마시면 취해 버립니다.

아버지 앞에서 손님을 접대할 때는, 제가 소매를 걷어올리고 팔꿈치가 땅에 닿도록 몸을 구부려 무릎을 꿇고 술을 마시게 됩니다. 그럴 때는 두 말을 마시면 취하고 맙니다.

오랫동안 만나지 못하던 친구를 뜻밖에 만나서 즐겁게 지난 추억을 이야기하거나 허물없이 사사로운 일을 말하면서 술을 마시면 다섯 말을 마셔야 겨우 취합니다.

어여쁜 여자와 함께 서로 술잔을 주고받으며, 손을 잡아도 시비하는 사람이 없고, 추파를 던져도 말릴 사람이 없으며, 앞에는 귀고리가 떨어져 있고 뒤에는 비녀가 빠져 있는 그런 술자리가 되면

이것도 인생이다

저는 여덟 말을 마셔도 취하지 않습니다.

　날이 저물어 술자리가 끝날 무렵, 술통은 한쪽으로 밀려나고, 남녀가 한자리에서 무릎을 맞대고, 신발이 뒤섞여 뒹굴고 있으며, 술잔과 안주 접시가 흩어져 있는 가운데 대청 위의 촛불은 꺼지고, 아름다운 기녀는 저를 붙들기 위해 다른 손님을 돌려보내고 나서 은은한 향기를 풍기며 속저고리의 고름을 풀면, 저는 마음이 흥겨워서 한 섬의 술도 마다하지 않고 마시게 됩니다.

　그러나 그런 쾌락은 한순간일 뿐, 지나치면 어지럽게 되고, 즐거움이 지나치면 슬퍼진다고 했습니다. 인간 만사가 다 그런 것이라고 생각합니다."

　위왕은 그 날 이후로 밤새워 벌이는 잔치는 열지 않았다.

물귀신에게 심부름 보낸 서문표

위(魏)나라의 서문표가 업현의 현령이 되어 부임했다. 서문표는 부임지에 도착하자마자 나이든 노인들을 찾아가 백성들이 무슨 일로 고통을 겪고 있는지 물었다.

"황하를 다스리는 신인 하백에게 해마다 신부를 바치는 일로 백성들이 고통받고 있습니다."

"그렇습니까. 자세히 설명해 주시겠습니까?"

"우리 업현의 교화를 맡은 삼로와 관청의 아전들은 하백에게 신부감을 구해 주는 데 쓰는 비용을 마련한답시고 해마다 백성들에게 수만 냥의 세금을 거두어 갑니다. 그중에서 3천 냥은 하백의 신부감을 구하는 데 쓰고, 나머지 돈은 무당들과 아전들이 나누어 가집니다. 그 때가 되면 무당들이 돌아다니면서 누구네 집에 어여쁜 딸이 있는지 조사하여 '이 아가씨가 하백의 신부감으로 적당하다.'고 추천합니다. 그러면 삼로가 처녀의 아비에게 폐백을 보내

주고 그 처녀를 데려갑니다. 아전들이 처녀를 끌고 오면, 무당들은 처녀의 머리를 감기고 목욕을 시키고 비단으로 옷을 지어 입힙니다. 그러고는 황하가에 붉은 장막을 치고 그 안에서 살게 합니다. 열흘이 지나면 곱게 화장을 시켜 뗏목에 앉혀서 황하에 띄워 보냅니다. 뗏목은 10리쯤 떠내려가다 가라앉습니다. 딸을 둔 백성들은 딸을 빼앗기지 않으려고 먼 곳으로 달아나고, 성 안에는 사람들이 살지 않게 되었습니다."

"왜 사람들은 하백에게 신부감을 바쳐야 한다고 생각합니까?"

"만일 하백에게 신부감을 바치지 않으면 하백이 화를 내서 황하가 넘쳐 업 땅이 물에 잠기고 사람들이 모두 죽게 된다고 믿고 있습니다."

서문표가 부임하고 난 몇 달 후 하백에게 신부감을 바치는 제사를 지냈다.

"하백의 신부감을 불러 오라. 내가 예쁜지 예쁘지 않은지 직접 보리라."

서문표가 이렇게 명령을 내리자 무당이 장막 속에서 신부감을 데리고 왔다. 서문표는 처녀를 보고 나서

"이 처녀는 아름답지 않구나. 무당은 수고스럽겠지만 황하로 가서 하백을 만나, 새로 아름다운 처녀를 구해서 보내 드리겠다고 여쭙고 오라."

이렇게 말하고는 병사들을 시켜 무당을 번쩍 들어 황하에 던져

버렸다.
　한참 후에 서문표는
　"하백을 만나러 간 무당이 왜 이렇게 꾸물대고 있을까. 제자 중에 누기 가서 빨리 무당을 불러 오라."
하고는 병사들을 시켜 무당의 제자 가운데 한 사람을 번쩍 들어 황하에 던져 버렸다.
　한참 후에 또 서문표는 "제자마저 어째서 이렇게 늦는단 말이냐. 한 사람 더 들어가서 빨리 오라 이르라." 하고는 또다시 제자 한 사람을 황하에 던졌다.
　한참 후에 서문표는 고을의 원로들이 앉아 있는 곳을 향해
　"무당이나 제자들이 모두 여자들이라서 이렇게 늦는 모양이오. 수고스럽겠지만 이 일을 관장하는 삼로께서 직접 갔다와야겠소."
하고는 병사들을 시켜 삼로를 번쩍 들어 황하에 던졌다. 그러자 아전들은 얼굴이 새파랗게 질려서 벌벌 떨었다.
　서문표가 이들을 돌아보며 "무당들도, 삼로도 돌아오지 않으니 어찌 된 일일까? 젊은 아전들이 빨리 다녀와야겠다." 하고 말하니 모두 머리를 조아리는데, 어찌나 정신없이 머리를 조아리는지 이마가 깨져서 피가 땅바닥을 적시고, 얼굴빛은 잿빛이 되어 있었다.
　"아무래도 하백이 자기를 찾아온 손님들을 붙들어 두고 좀처럼 돌려보내지 않는 모양이구나. 너희들은 그만 물러들 가거라."
　서문표가 이렇게 말하니, 아전들은 걸음아 나 살려라 하고는 눈

깜짝할 사이에 모두 사라지고 말았다.

그 뒤로부터는 하백을 위해 신부감을 구해 보내 준다는 따위의 소리를 입 밖에 내는 사람은 아무도 없었다. 그리고 그 일을 빌미로 백성들에게 세금을 거두어 가는 관리들도 없었다.

② 이상한 사람들

조조를 놀린 좌자
여자들의 화장법을 보고 세상을 읽는다
소와 개가 말을 하면
화성에서 온 소년
하늘 궁전 구경
여자에게 추파 던지는 로봇
머리가 떨어졌다 붙었다 하는 사람들
누에가 된 딸
귀신 팔아 돈을 번 사람
슬픈 사랑 이야기
죽어서 시집간 공주
마시면 3년 동안 잠드는 천일주
명검 이야기

조조를 놀린 좌자

조조가 어느 날 연회를 베풀고, 연회에 참석한 사람들을 둘러보며 말했다.
"모두 이 자리에 참석해 주셔서 감사합니다. 성의를 다해 음식을 장만했으나, 다만 오나라 땅 송강에서 나는 농어회를 준비하지 못한 것이 서운할 따름입니다."
연회에 참석한 좌자가
"그렇다면 송강의 농어를 제가 구해 오겠습니다."
하고, 구리 대야를 가져오게 해서 물을 담고는, 낚시바늘에 미끼를 끼워 대야에 낚싯대를 드리우더니, 금세 석 자가 넘어 보이는 싱싱한 농어 한 마리를 낚아 올리는 것이었다.
사람들의 입에서는 탄성이 터져 나오고, 조조도 크게 기뻐하며 손뼉을 쳤다.
조조가 "여기 모인 사람이 먹기에 한 마리는 부족하지 않겠소.

두 마리쯤 더 있으면 좋겠는데….” 하고 말하니, 좌자는 다시 미끼를 끼워 낚싯대를 대야에 드리웠다. 눈깜짝할 사이에 커다란 농어 두 마리를 낚아 올렸다.

조조가 손수 농어회를 뜨며
“송강의 농어회는 촉 땅에서 난 생강 양념이 제격인데….”
하고 중얼거리니 언제 들었는지 좌자가
“제가 촉 땅의 생강을 구해 오겠습니다.”
하며 일어섰다.

조조는 좌자가 가까운 시장에 가서 생강을 사 올지 모른다는 생각이 들어 이렇게 말했다.
“내가 석 달 전에 사람을 촉 땅에 보내 비단 1백 필을 사 오라고 했는데, 혹 생강 사러 촉 땅에 가서 그 사람을 만나거든 비단 스무 필을 더 사 오라고 전해 주시오.”

좌자는 금방 다녀오겠다고 인사하고 나가더니 한참 후에 돌아와 손에 든 생강 꾸러미를 내밀며 조조에게 이렇게 보고했다.
“촉 땅의 비단가게에서 그 사람을 만나 비단 스무 필을 더 사 오라는 말을 전했습니다.”

그로부터 두 달이 지나, 촉 땅으로 비단을 사러 갔던 이가 돌아와 보고하는데
“두 달 전에 비단가게에서 좌자를 만났는데, 그이가 비단 스무 필을 더 사 오라는 전언을 해 주어 스무 필을 더 사 왔습니다.”

이것도 인생이다

하는 것이었다.
 그런 일이 있고 얼마 후 조조는 1백 명이 넘는 수행원을 거느리고 지방 순시를 하고 있었다.
 한 고을에 이르자 어디서 좌자가 술 한 독과 말린 고기 한 광주리를 가져왔는데, 수행원들이 모두 취하고 배부르게 먹었다.
 조조가 사람을 저자에 보내 술과 말린 고기를 잃어버린 장사꾼이 없나 알아보았다. 과연 한 술집에서 술 한 독과 말린 고기 한 광주리를 잃어버렸다고 신고해 왔다.
 조조는 좌자의 재주가 너무 뛰어나, 그를 살려 두었다가 무슨 일을 당할지 모르겠구나 하는 두려움이 앞섰다.
 조조는 술자리를 베풀고 좌자를 불러 술을 마시다가 좌자가 술에 취해 몸을 가누지 못하는 틈을 타서 죽이려고 했다.
 조조의 속맘을 눈치챈 좌자는 얼른 몸을 벽 속으로 숨겼다.
 조조는 군사를 풀어 성 안을 샅샅이 뒤졌다. 저자에 좌자가 나타났다는 말을 듣고 출동하면 저자의 사람들이 모두 좌자와 똑같아서 누가 진짜 좌자인지 분간할 수가 없었다.
 하루는 좌자가 양 떼 속으로 숨는 것을 보고 조조가 "그대의 신출귀몰한 재주를 시험해 보려 지금까지 그대를 쫓았도다. 이미 그대의 재주를 알았으니 그대를 살려 줄 것이다." 하고 말했다.
 그러자 한 마리 양이 사람처럼 서서
 "나를 잡으려고 거짓말하는 것인 줄 내가 다 안다."

하고 말했다.

　병사들이 '저 양을 잡아라.' 하면서 쫓아가자, 문득 수백 마리의 양이 모두 사람처럼 서서 합창하듯 "나를 잡으려고?" 하는 것이었다.

　조조는 어느 양을 잡아야 할지 알지 못하고 어리둥절해 있다가 잡기를 포기하고 말았다.

여자들의 화장법을 보고 세상을 읽는다

한나라 환제 때 대장군 양기의 아내가 하는 화장법이 크게 유행했다.

눈썹은 근심어린 듯 가늘고 구부러지게 그리고, 눈 아래를 엷게 하여 마치 울고 난 것처럼 하고, 머리를 한쪽으로 치우치게 틀어 올려 묶었다. 그리고 이가 아픈 듯이 입술을 비틀어 웃고, 다리가 몸을 주체하지 못하는 듯이 허리를 꺾으며 걸었다.

이런 이상한 화장법이 유행한 것은, 말을 탄 적군이 여자들을 낚아채 가면, 여자들이 눈썹을 찡그리고 우는데, 병사들은 여자들의 허리를 꺾어 쓰러뜨리고 가랑이를 벌리게 하니 두 다리가 비뚤어지며, 여자들이 억지로 말하고 웃으나 그것은 곧 울음을 깨물고 웃는 것과 같다는 뜻으로, 전쟁의 참혹함을 나타내는 화장법이라고 했다.

소와 개가 말을 하면

진나라 혜제 때 장빙의 수레를 끌고 가던 소가
"천하가 어지러워지려 하는데, 나는 아주 급합니다. 주인님은 이 수레를 타고 어디로 가려 하십니까?"
하고 말하는 것이었다. 장빙은 깜짝 놀라 수레를 돌려 집으로 돌아왔다. 그런데 이번에는 집에서 기르는 개가
"주인님께서는 어찌하여 빨리 돌아오십니까?"
하고 말했다.
장빙은 점장이를 불러 점을 쳤다.
"크게 흉한 점괘입니다. 천하에 큰 난리가 날 징조입니다."
그 해 가을, 붉은 두건을 머리에 두른 도적 떼가 창궐했고, 장빙은 도적 떼를 소탕하는 임무를 맡고 싸우다가 전사했다. 장빙의 가족은 몰살당하고, 나라 인구의 반이 죽거나 다치는 큰 피해를 입었다.

화성에서 온 소년

오나라 경제 때 어느 마을에서 아이들 열댓 명이 놀고 있었다. 그런데 키가 1미터 20센티쯤 되고 예닐곱 살쯤 먹어 보이는, 처음 보는 아이가 푸른 옷을 입고 문득 나타났다.

처음 보는 이상한 아이에게 동네 아이들이 물었다.

"너는 어디 사는 누구냐?"

"나는 화성에서 왔다."

그 아이의 눈에서는 형형한 빛이 쏟아져 나오고 있었다.

아이들은 무서워서 동네 어른들에게 알렸고, 어른들이 이 이상한 아이를 보려고 몰려왔다.

그러자 아이는 몸을 솟구쳐 공중으로 솟아오르더니, 한 필의 비단을 끌고 표표히 하늘로 올라가다가 이윽고 가물가물 사라지고 말았다.

소년은 누구였을까? 혹시 우주인은 아니었을까?

하늘 궁전 구경

 중국 주나라 목왕 때, 서쪽 끝에서 화인이라는 마법사가 왔다.
 화인은 물과 불 속을 거닐고, 바위와 벽을 꿰뚫고 다니고, 허공으로 걸어다녀도 떨어지지 않았다.
 목왕은 화인을 신을 대하듯 공경하고 임금처럼 섬겼다. 화인을 천자의 궁전에서 살게 하고 소, 양, 돼지의 세 가지 고기로 대접하고, 여자 무희와 악사 들을 선발하여 즐겁게 해 주었다.
 그러나 화인은 천자의 궁전은 지저분하여 살 수 없고, 음식은 비린내가 나서 먹을 수 없고, 궁녀들은 못생기고 냄새가 난다고 불평했다.
 목왕은 화인을 위해 궁궐을 다시 지었다. 붉은색과 흰색으로 기교를 다하여 무늬를 그렸다. 대를 높이 쌓아 종남산보다 높은 곳에 건물을 짓고, 이름을 중천대(中天臺)라 지었다.
 정나라와 위나라 처녀 중에서 아름다우며 나긋나긋하고 호리호

리한 미녀들을 선발해서 향수를 뿌리고 눈썹과 이마를 단정하게 하고, 비녀와 귀고리로 장식하고, 가는 비단으로 옷을 지어 입히고, 얼굴에 분을 바르고, 옥가락지를 끼게 하고, 우아하고 아름다운 음악을 연주하며 시중들게 하고 매일 좋은 음식을 대접했다.
  그러나 화인은 마뜩찮아하면서도 중천대에서 지냈다.
  어느 날 화인이 목왕에게 함께 가 볼 곳이 있다고 했다.
  화인이 목왕에게 자기의 옷소매를 꽉 붙잡으라고 하고는 하늘로 올라가는데, 구름을 뚫고 올라가다 하늘 중간에 멈추어 그가 원래 살고 있다는 궁궐에 이르렀다.
  화인의 궁궐은 모두 금은으로 꾸며졌고, 거기서 몸에 걸치는 것은 모두 주옥이었으며, 구름 위로 나가 보니 아래에서 궁궐을 떠받치는 기둥도 없이 공중에 떠 있고, 궁궐을 바라보니 마치 구름덩이 같았다.
  귀로 듣고 눈으로 보는 것, 코로 숨쉬고 입으로 맛보는 것이 모두 인간 세상에는 있지 않은 것들이었다.
  목왕이 화인을 따라가서 본 곳은 우러러봐도 해와 달이 보이지 않고, 굽어봐도 큰 강이나 바다가 보이지 않았다.
  그 곳에는 아무것도 없고 가지각색의 아름다운 빛깔과 광채와 휘황찬란한 색채가 어우러져, 눈이 어지러워 볼 수가 없고, 천상의 소리 같은 음향이 들려 와서 귀가 어지러워 정신까지 몽롱해졌다.
  몸뚱이의 모든 뼈와 내장이 덜덜덜 떨려서 진정할 수 없고, 뜻이

헷갈려 목왕은 정신을 잃고 말았다.
 겨우 정신을 수습한 목왕이 돌아가게 해 달라고 사정하자, 화인은 목왕을 돌아가게 해 주었는데, 허공에서 한없이 떨어져 내리는 느낌이었다.
 화인은 누구였을까? 혹시 U.F.O를 타고 온 우주인이 아니었을까?

이것도 인생이다

여자에게 추파 던지는 로봇

중국 주나라 목왕이 지방 순시를 마치고 돌아오는데, 지방 제후가 언사라는 사람을 소개했다.

목왕이 언사를 불러 물었다.

"너는 어떤 재주를 가지고 있느냐?"

"전하께서 분부하시는 것이라면 무엇이든 만들 수 있습니다. 제가 만든 가짜 인간을 한번 보시겠습니까?"

언사는 곧바로 '가짜 인간'을 데려왔다.

"이 사람은 제가 만든 사람인데, 노래도 하고 춤도 출 수 있습니다."

목왕은 몹시 놀랐다. 아무리 자세히 보아도 그 사람의 일거수일투족은 진짜 인간과 조금도 다름이 없었다. 만든 인간이라니…. 도저히 믿기지 않았다.

목왕은 사랑하는 왕비 성희와 궁녀, 시종 들을 모두 불러 내 '가짜 인간'이 노래 부르고 춤추는 것을 구경하게 했다.
 '가짜 인간'이 머리를 흔드는 모습이며 가느다란 팔과 다리를 놀리는 모습 모두가 박자에 딱 들어맞았고, 노래 솜씨 역시 제법이있다.
 목왕은 속으로 '아무래도 저놈은 진짜 사람인 것이 분명하다.'고 생각했다. 노래를 마친 '가짜 인간'이 목왕의 옆자리에 앉아 있는 성희에게 게슴츠레한 눈빛을 보냈다. 눈알이 바삐 돌아가는 모습이 성희에게 애정을 호소하는 것 같았다. 목왕은 그런 모습을 보고 틀림없는 '진짜 사람'이라고 믿었다.
 화가 머리끝까지 치밀어오른 목왕은 '임금을 우롱한 언사를 당장 끌어내 목을 치라.'고 호통을 쳤다.
 깜짝 놀란 언사가 '가짜 인간'을 잡아당겨 목을 비틀었다. 그리고 손발을 뽑았다. 가슴도 열어 젖혔다. '가짜 인간'의 몸은 갖가지 쇠붙이며 나무며 가죽이며 아교며 칠로 만들어졌고, 창자, 심장, 간, 폐 등 오장육부와 뼈, 관절, 갈비, 그리고 피부와 머리카락까지 다 만들어진 것이었다.
 언사가 그것을 다시 조립하자, '가짜 인간'은 아까 하던 행동을 계속했다.
 목왕이 그 광경을 보고 하도 해괴한 일이어서 언사에게 '가짜 인간'의 심장을 꺼내 오라고 했다. 그러자 '가짜 인간'은 노래를 부르지 못했다. 간을 꺼내니 눈이 멀어 동서남북을 구분하지 못했다. 신장을 떼어내니 한 발짝도 걷지 못했다. 그제서야 목왕은 '가짜 인간' 임을 믿게 되었다.

"사람의 손재주가 사람까지도 만들 수 있다니, 정말 신과 같은 재주를 가졌구나."

목왕은 언사를 칭찬하고, 언사와 '가짜 인간' 을 데리고 주나라로 돌아갔다.

언사는 누구였을까? 혹시 로봇을 데리고 온 우주인은 아니었을까?

머리가 떨어졌다 붙었다 하는 사람들

진(秦)나라 남쪽에 머리가 떨어졌다 붙었다 하는 사람들이 살았다. 그들의 머리는 날아다니기도 했는데, 귀가 날개 구실을 했다.

오나라 장수 주환이 남쪽으로 정벌을 나갔다가 돌아오면서 한 처녀를 잡아 와 계집종으로 부렸는데, 이 계집종은 매일 밤 잠자리에 누워 잠들면 머리가 날아 나갔다가 새벽이면 돌아와 몸에 붙는 것이었다.

머리는 혹 개구멍으로, 혹 지붕 밑 창으로 드나들었다. 머리가 날아간 다음에 계집종을 보면 몸뚱이만 있는데, 몸뚱이는 약간 차갑고 호흡은 끊어질 듯 말 듯 어렵게 이어 갔다.

이를 본 사람들이 이불로 몸뚱이를 감쌌더니 새벽에 머리가 돌아왔으나 몸뚱이에 붙지 못하고 방바닥에 떨어졌다 튀어올랐다 하면서 안절부절못하는 것이었다. 몸뚱이도 숨길이 거칠어지고 급해져서 곧 죽을 것만 같았다.

사람들이 이불을 치우자 머리가 몸뚱이에 붙고 금세 평화스러운 모습으로 잠자는 사람이 되었다.
주환은 괴이하게 여겨 계집종을 내보내고 말았다.
그 무렵 남쪽으로 정벌을 나갔던 장수들은 왕왕 그런 사람을 데려왔는데, 어떤 사람은 구리대야로 머리를 덮어 두어 머리가 몸뚱이에 붙지 못해 죽는 경우도 있었다.

누에가 된 딸

옛날 옛적에 부녀가 살고 있었는데, 아버지는 먼 길을 떠나고 집에는 딸만 있었다.

딸은 집에서 수말 한 마리를 기르고 있었다.

어느 날 딸이 장난삼아 말에게 이렇게 말했다.

"네가 아버지를 모셔 올 수 있다면 내가 너에게 시집을 가마."

말은 큰 눈으로 딸을 그윽히 바라보더니 고삐를 끊고 집을 나가 아버지가 있는 곳으로 갔다. 아버지는 너무나 반가워서 말의 목을 껴안고 갈기를 쓰다듬었다. 그러고는 말의 등에 올라탔다. 말은 '히히힝' 하고 큰 소리로 울면서 네 굽을 모아 집으로 달려갔다.

집으로 돌아온 말은 꼴을 주어도 먹지 않고, 딸을 보면서 기뻐하는 듯 성내는 듯 날뛰며 발굽을 쳐댔다.

아버지가 괴이하게 여겨 딸에게 '저놈의 말이 왜 저러는 것이냐?' 하고 물으니, 딸이 장난삼아 말에게 '네가 아버지를 모셔 오면 내가 너에게 시집을 가마.'하고 말했더니, 말이 집을 나가 아버지를 모셔 왔고, 저런 행동을 한다고 여쭈었다.
아버지는 어이가 없었다.
"남에게 이 말은 하지 마라. 가문을 욕되게 할까 두렵다. 그리고 앞으로는 마굿간에 드나들지 마라."
며칠 후, 아버지는 숨어 있다가 활로 말을 쏘아 죽이고, 말가죽을 벗겨 뜰에서 말렸다.
딸이 이웃집 친구와 함께 뜰에서 놀다가 발로 말가죽을 차면서
"너는 짐승인 주제에 사람을 아내로 맞이하겠다는 엉뚱한 생각을 품었단 말이냐?"
하고 꾸짖었다. 그러자 말가죽이 벌떡 일어나더니 딸을 둘둘 말아서 어디론가 사라져 버렸다.
며칠 지나서 큰 나뭇가지에 걸린 딸과 말가죽을 발견했는데, 딸은 누에가 되어 나무 위에서 실을 토해 내고 있었다.
동네 여자들이 그 나무를 가꾸어 상(桑)이라 이름지었다.

귀신 팔아 돈을 번 사람

송정백이라는 사람이 젊었을 때 밤길을 가다가 귀신을 만났다.
"당신, 어디 사는 누구요?"
"나는 귀신이오. 그런데 당신은 누구요?"
귀신이 송정백에게 물으니, 송정백은 귀신하고 장난하고픈 생각이 들어
"나 또한 귀신입니다."
하고 대답했다. 귀신은 반갑다는 듯
"어디 가는 길입니까?"
하고 물어 왔다.
송정백이 완시에 가는 길이라고 대답하니, 귀신도 "아 그렇습니까. 나도 마침 완시에 가는 길입니다. 같이 길동무합시다." 하면서 좋아했다.
송정백은 귀신과 길동무가 되어 완시를 향해 길을 재촉했다.

10리쯤 갔을까, 귀신이 "우리 둘이 걸어가는 것보다, 교대로 업고 가는 편이 좋지 않겠습니까?" 하고 제안해 왔다. 그러면서 귀신이 먼저 송정백을 향해 등을 내밀었다.
이렇게 해서 귀신이 송정백을 업고 10리쯤 걸어갔다.
"당신이 이렇게 무거운 것을 보니 귀신이 아닌 모양이오."
송정백은 가슴이 뜨끔해서
"나는 새 귀신이라 몸이 무거울 것이오."
하고 얼른 변명했다.
이번에는 송정백이 귀신을 업고 걸었다. 귀신은 조금도 무겁지 않아 맨몸으로 걷는 것과 같았다.
송정백이 귀신에게 물었다.
"나는 새 귀신인지라 무엇이 무서운 것인지, 무엇이 두려운 것인지를 알지 못합니다. 당신은 그것을 알고 있겠지요?"
"사람이 침 뱉는 것을 무서워합니다."
조그마한 개울을 건너게 되었다. 귀신이 앞장서서 개울을 건너가는데 아무 소리도 나지 않았다. 그러나 뒤따라가는 송정백에게서는 찰싹찰싹 하고 물소리가 났다.
"어째서 당신한테서 물소리가 납니까?"
"나는 새 귀신인지라 물 건너는 데 서툴러서 그렇습니다."
송정백은 이렇게 변명했다.
완시에 다다랐을 즈음, 송정백은 귀신을 어깨 위로 받쳐들고는 꽉 붙잡았다.

 귀신은 몸부림을 치며 내려 달라고 사정했다. 송정백은 귀신을 땅에 내려놓자마자 침을 뱉었다.

 침을 몸에 묻힌 귀신은 한 마리 양으로 변했다. 송정백은 다시 한 번 양에게 침을 뱉고는, 양을 끌고 장으로 가 1천 5백 냥을 받고 팔았다.

 그 후로 사람들은 수단이 좋은 사람을 가리켜 '귀신 팔아 돈 번 송정백 같은 이' 라고 말했다.

이것도 인생이다

슬픈 사랑 이야기

　자옥은 오나라 왕 부차의 막내딸이다. 얼굴이 아름답고 몸매가 간드러졌으며, 재주가 빼어났다.
　자옥이 열여덟 살에 이르렀을 때 한중이라는 청년에게 반해서, 편지를 보내 '당신의 아내가 되고 싶다'고 고백했다.
　한중은 제나라와 노나라로 가서 공부를 더 하려고 떠나려던 참이었다. 한중은 자옥의 편지를 받고, 부모에게 오왕 부차를 찾아가 청혼해 달라고 부탁하고 떠났다.
　한중의 부모에게서 청혼을 받은 오왕 부차는 크게 화를 내고 청혼을 거절했다. 이로 인해 자옥은 슬픔에 못 이겨 죽고 말았다.
　한중이 제나라와 노나라에서 공부를 마치고 돌아왔을 때는 어느덧 3년이라는 세월이 흘러간 뒤였다. 한중은 자옥이 죽었다는 슬픈 소식을 듣고 제수와 예물을 갖춰 자옥의 무덤 앞에 가서 슬피 울었다.

한중의 울음소리를 듣고 무덤에서 자옥의 혼이 나와
"옛날에 그대가 떠나간 뒤에, 그대의 부모님이 청혼했을 때, 아바마마께서 반대하시리라고는 꿈에도 생각지 못했습니다. 우리가 이렇게 맺어지지 못할 줄 어찌 알았겠습니까?"
이렇게 말하고는 왼쪽으로 머리를 돌려 목을 구부리고 노래를 불렀다.

남산에 새가 사는데 북산에 그물을 치는구나
새는 높이 날아가 버렸으니 그물을 어디에 쓰리
내 마음 그대를 따르고자 하나 보탬하는 날이 너무 많았네
슬픔이 응어리져 병이 되고 끝내 숨져 황토에 묻혔다네
운명이 그러한 것을 원통해 한들 어이하리
새 중에 가장 상서로운 새는 봉황새인데
수컷 잃고 3년 동안이나 눈물 속에 살았네
하늘 나는 새가 저리 많지만 어찌 봉황의 짝이 될 수 있으리
몸은 머나 마음은 가까우니 어찌 잠깐이라도 잊었으리

노래를 마친 자옥은 흐느껴 울면서 한중을 데리고 무덤 속으로 들어가려 했다.
한중이 자옥을 달래며
"죽음과 삶은 길이 달라 그대의 말을 들어 줄 수 없구려."

하고 완곡히 거절했다.
　자옥은 간절한 눈빛으로 한중을 보며 간곡한 어조로 말했다.
　"죽음과 삶은 길이 다르다는 것을 저도 알고 있습니다. 그러나 이제 이별하면 어찌 뒷날을 기약할 수 있겠습니까. 그대는 내가 귀신이라 두려워하십니까. 나는 진심으로 이 몸을 그대에게 바치고자 하는데 그대는 어찌 나를 믿지 못하십니까?"
　한중이 자옥의 말에 감동해 자옥을 따라 무덤 속으로 들어갔다.
　자옥은 좋은 안주와 향기로운 술로써 한중을 대접하고, 사흘 밤낮 동안 부부의 정을 나누었다.
　한중이 무덤에서 나올 때 자옥이 지름이 한 치나 되는 커다란 구슬을 주며 말했다.
　"그대는 부디 아바마마를 찾아뵙고 우리의 인연을 아뢰어 주십시오."
　한중은 자옥의 말대로 오왕 부차를 찾아가 자옥과 함께 지낸 사흘 동안의 이야기를 아뢰고, 자옥이 준 구슬을 증거로 내보였다.
　부차는 크게 화를 내며
　"자옥이 죽은 지 이미 3년이 지났는데, 네놈이 죽은 영혼을 더럽히는구나. 네놈이 자옥의 무덤을 파헤쳐 구슬을 훔치고 귀신에게 핑계를 대는구나."
하고 한중을 붙잡아 죽이려 했다.
　한중은 급히 달아나 자옥의 무덤으로 갔다.

자옥이 한중에게 "제가 직접 아바마마를 찾아뵙고 자초지종을 말씀드리겠습니다." 하더니 어디론가 사라져 버렸다.

오왕 부차가 거울을 보면서 머리를 빗고 있는데, 자옥의 모습이 거울에 비치는 것이었다. 부차는 너무나 놀랍고 한편으로는 반가웠다.

"너 자옥이 아니냐. 네가 어찌 살아왔단 말이냐?"

자옥이 부차 앞에 무릎을 꿇고 엎드려 흐느껴 울면서 말했다.

"지난 날 한중이 저에게 청혼했을 때, 아바마마께서 허락지 않으시어 저는 슬픔을 이기지 못하고 죽고 말았습니다. 한중이 먼 곳에서 놀아와 제가 이미 죽었다는 말을 듣고 제 무덤에 찾아와 저의 죽음을 애도했습니다. 그 사람이 저를 사랑하는 마음이 아직 변치 않은 것을 보고 저는 크게 감동하여 그를 무덤으로 초대했습니다. 우리는 비로소 부부의 연을 맺고 그 증표로 구슬을 그에게 주었습니다. 한중이 제 무덤을 판 것이 아니라면 어찌해서 구슬을 가질 수 있었겠습니까. 아바마마께서는 한중을 벌하지 마시옵소서."

부차가 사랑하는 딸을 안았으나 자옥은 안개인 듯 품 안에 들어오지 않았다.

죽어서 시집간 공주

 한나라 수양왕 때 담생이라는 선비가 살았는데, 몰락한 양반이라 집안이 가난해서 나이 마흔에 이르도록 장가를 들지 못했다.
 담생은 '시경'을 좋아해서 늘 감동하며 '시경'을 읽었다.
 어느 달 밝은 밤, 청아한 목소리를 높여 '시경'을 읽고 있는데, 열일고여덟 살쯤 되어 보이는, 자태가 아름답고 비단옷을 입은 처녀가 찾아왔다. 두 사람은 시흥에 취하고 달빛에 취해 사랑을 나누고 부부가 되었다.
 그 날 이후 아내는 해진 후에 찾아와 새벽이 오기 전에 뒷산으로 돌아가곤 했다.
 아내가 담생에게 "저는 사람이지만 또한 여늬 사람과 다르니 불빛에 저를 비추어 보지 마십시오. 3년이 지난 후에는 저도 온전한 사람이 될 수 있으니 그 때 가서 불빛에 비추어 보아도 됩니다." 하고 부탁했다.

두 사람이 밤이면 만나 정회를 풀면서 부부의 연을 맺고 지내기 어언 2년이 지나 딸아이 하나까지 두게 되었다.

담생은 딸아이까지 생긴 터에 아내의 모습을 자세히 보고 싶어, 처음의 약속을 어기고 잠든 아내의 모습을 불빛에 비추어 보고 말았다.

불빛에 드러난 아내의 모습을 본 담생은 너무나 놀라운 모습에 그만 눈을 질끈 감고 말았다.

아내는 윗몸은 사람과 같았으나 아랫도리는 살이 없고 다만 앙상한 뼈만 있을 뿐이었다.

아내가 놀라 잠에서 깨어나

"당신은 나와 한 약속을 저버리셨군요. 1년만 더 약속을 지켜주었다면 나는 온전한 사람으로 살아날 수 있었을 텐데, 어찌 1년을 더 참지 못하고 저를 불빛 아래 드러나게 하셨습니까."

하면서 몹시 슬퍼했다.

"내가 잘못했소. 사랑하는 당신의 모습을 하루라도 빨리 보고 싶어 견딜 수가 없었소."

담생이 잘못을 빌었다. 아내는 울면서

"당신과의 인연은 이것으로 끝났으나, 가난한 선비인 당신이 어찌 혼자서 딸아이를 키울 수 있겠습니까. 저를 따라오시면 제가 돈이 될 만한 물건을 드리겠습니다."

하고 앞장서 걸어갔다.

65

담생이 아내의 뒤를 따라 산 속으로 들어가니 궁궐 같은 기와집이 있었다. 금은 보화로 치장된 으리으리한 방으로 들어간 아내가 진주를 꿰어 만든 옷 한 벌을 가지고 와서 담생에게 주었다.

"이것을 팔면 평생 먹고 살 수 있을 것이고, 딸아이도 키울 수 있을 것입니다."

담생이 아내에게서 진주옷을 받아들고 대문을 나서는데 대문이 닫히면서 담생의 도포자락이 걸려 한 자락이 찢어졌다.

담생은 그 진주옷을 어느 대신에게 팔았다. 값이 수만 냥이었다.

희귀한 진주옷을 사들인 대신은 진주옷을 임금에게 바쳤다. 임금이 보니 10년 전에 죽은 공주에게 입혔던 수의였다.

"이것은 틀림없이 공주의 수의다. 이 옷을 판 자를 잡아들여라. 그놈은 공주의 무덤을 판 도굴꾼일 것이다."

담생이 붙잡혀 임금 앞에 나아가 자초지종을 설명하니, 임금은 공주의 무덤을 파서 사실을 확인하라고 했다. 곧 병사들을 시켜 공주의 무덤을 파 보니 널 뚜껑 아래 담생의 도포 자락이 끼여 있었다.

임금이 담생의 딸을 불러 오게 해서 보니 죽은 공주를 빼닮았는지라, 임금은 비로소 담생의 말을 믿고 부마로 인정했다.

마시면 3년 동안 잠드는 천일주

　적회라는 사람이 빚은 술을 마시면 3년 동안 취한다고 소문이 났다.
　술을 좋아하는 유현석이 적회를 찾아가 천일주를 마시게 해 달라고 부탁했다.
　"내가 담근 술이 아직 완전히 익지 않아 내놓을 수 없습니다."
　"아직 덜 익었다 해도 한 잔 정도야 주실 수 있겠지요."
　유현석이 하도 간절히 청하는지라 적회는 차마 끝까지 거절할 수가 없었다. 적회는 술 한 잔을 유현석에게 주었다.
　유현석이 술 한 잔을 마시니 그윽한 향기가 가슴에 가득해서
　"술맛이 향기롭습니다. 더 주실 수는 없는지요."
하고 한 잔 더 마시기를 청했다.
　"아까 마신 한 잔만으로도 3년 동안 잠을 잘 수 있습니다. 돌아갔다가 다음 날 다시 오시지요."

이것도 인생이다

적회가 완곡히 거절하자, 유현석은 더 청하지 못하고 집으로 돌아왔다.

집으로 돌아온 유현석은 솟아오르는 취기를 이기지 못하고 깊은 잠에 빠져 깨어나지 않았다. 집안 사람들은 유현석이 죽은 줄 알고 장례를 치렀다.

그로부터 3년이 지난 후, 적회는 3년 전에 유현석이 술 한 잔을 마시고 돌아간 일을 기억하고 '지금쯤 유현석이 술에서 깨어났을 테니 찾아가 만나 보고 술 이야기를 나누어 보자.' 하고는 유현석의 집으로 찾아갔다.

가족들은 상복 벗을 준비를 하고 있다가
"그가 죽은 지 벌써 3년이 다 돼 가는데, 그대는 누구길래 아직 유현석이 죽은 것을 모르고 있었단 말이오."
하고 이상하다는 듯이 적회를 바라보는 것이었다.

적회는 깜짝 놀라서
"술맛이 좋아 3년 동안 취하여 잠들었을 것인데, 이제 깰 때가 되었습니다. 그러니 서둘러 무덤을 파 보시기 바랍니다."
하고 재촉했다.

집안 사람들이 곧바로 무덤으로 갔다. 무덤 위에는 땀 기운이 하늘에 솟구쳐 있었다. 무덤을 파고 널을 깨부수니 유현석이 눈을 뜨고 입을 벌려 크게 하품을 하고 나서
"아아, 유쾌하구나. 내가 크게 취했던가 보구나."

기지개를 켜면서 널 속에서 털고 일어났다.
 "그대는 어떤 재주로 술을 빚었기에 나를 술 한 잔에 취하게 만들어 3년 만에 깨어나게 했단 말이오."
 유현석의 말에 사람들이 모두 웃었는데, 그 때 유현석의 술기운이 집안 사람들의 콧속으로 들어가 그들도 취해서 석 달 동안 잠을 잤다.

명검 이야기

옛날 중국 초나라에 칼을 잘 만드는 간장이라는 대장장이가 있었다.
어느 날 초왕이 간장을 불러, 쇳덩어리 하나를 주며
"왕비가 어느 여름날 저녁, 날이 더워서 좀 시원해질까 하여 쇠기둥을 끌어안았는데, 임신이 되어 쇳덩어리 하나를 낳았다. 이것이 바로 그 쇳덩어리다. 이것으로 보검 한 쌍을 만들어 오라."
하고 명을 내렸다.
간장은 왕비가 낳았다는 쇳덩어리를 공손히 받아들고 찬찬히 살펴보았다.
"좋은 쇠이긴 합니다만, 보검을 만들기에는 너무 적습니다."
초왕은 소매 속에서 검게 반짝이는 메추리알만한 물건을 몇 개 꺼내어 간장에게 내밀었다.
간장이 두 손으로 받아드는데, 제법 묵직한 것이 마치 동물의 쓸

개처럼 생겼으나 무엇인지는 알 수 없었다.
 "이것은 쇠의 쓸개라는 것이다. 오나라 무기고에서 가져온 것으로 천금을 주고도 살 수 없는 귀중한 것이다. 구리가 많이 생산되는 곤오산에 토끼만한 동물이 살고 있는데, 수컷은 털이 황금색이고 암컷은 순은색이다. 그놈들은 땅 속 깊이 굴을 파 놓고 그 속에서 구리나 철을 먹고 산다. 그런데 어찌 된 영문인지 그놈들이 오나라 무기고에 들어와 쇠붙이로 된 무기를 모조리 먹어 버렸다. 오나라 왕이 이 짐승을 잡아 배를 갈라 보니 이 쓸개가 있었다. 그게 내 손에까지 들어온 것이다."
 임금의 말을 들은 간장은 쇠가 부족하다고 더 이상 말을 할 수가 없었다.
 간장은 이 쇠붙이들을 집으로 가지고 와 아내 막야와 함께 용광로에 불을 지피고 풀무질을 시작했다. 두 부부가 3년을 이렇게 쉬지 않고 풀무질을 하고서야 겨우 그것들이 녹아 자웅 한 쌍의 보검을 만들 수 있었다.
 보검은 마치 가을날의 차가운 강물 같은 날카로운 빛을 발했다. 칼날 위에 머리카락을 얹어 놓자마자 두 동강이가 났고, 칼로 쇠를 자르니 진흙처럼 쉽게 잘라졌다. 부부는 자신들의 이름을 이 보검에 붙였다. 웅검은 '간장'이라는 이름을 붙이고, 자검은 '막야'라고 이름을 붙였다.
 초왕은 보검이 완성되었다는 소식을 듣고 기쁘기도 하고 걱정이 되기도 했다. 보검을 갖게 되어 기뻤지만, 다른 나라의 임금들이 이 소식을 듣고 간장을 데려다 다른 보검을 또 만들까 그것이 걱정이었다. 그래서 초왕은 간장이 칼을 가져오는 날, 너무 늦게 만들었다는 죄를 씌워 그를 죽이기로 마음을 먹었다.

간장은 이제 보검을 갖다 바치면, 초왕이 자기를 살려 두지 않을 것을 예견했다. 간장은 길을 떠나면서 아내 막야에게 이렇게 말했다.

"내가 이 칼을 가지고 초왕에게 가면 초왕은 틀림없이 나를 죽일 것이오. 한 쌍의 보검 중에 자검 막야는 임금에게 바치겠지만, 웅검 간장은 내가 '바위 위에서 소나무가 자라는 곳에' 감추어 두었소. 당신의 뱃속에 있는 아이가 태어나 10살이 되거든 보검을 찾아 나의 원수를 갚게 하시오."

간장은 보검 한 자루만 가지고 초왕에게 갔다. 초왕은 보검 한 자루를 받아들고 노한 목소리로 간장을 꾸짖었다.

"본래 나는 두 자루를 만들라고 했다. 그런데 왜 한 자루만 가져왔느냐?"

"전하께서 내려주신 쇠붙이로는 양이 적어 겨우 한 자루밖에 만들 수 없었습니다."

"너 이놈, 누구를 속이려 하느냐."

초왕은 병사를 시켜 간장의 목을 베게 했다.

간장이 죽은 지 석 달 후 막야는 아들을 낳았다. 아이의 눈썹과 눈썹 사이가 한 자쯤 떨어져 있어서 이름을 미간척(眉間尺)이라고 지었다.

미간척이 10살에 이르자, 막야는 아들에게 아버지가 비명에 간 사연을 자세히 말해 주고 아버지가 감추어 둔 보검을 찾게 했다.

미간척은 마당에서 '아버지가 어디다 칼을 감추어 두었을까? 바위 위에서 소나무가 자라는 곳은 어디일까?' 생각하다 눈길이 주춧돌 위의 소나무 기둥에 머물렀다. 미간척은 주춧돌 밑을 파 보았다. 그 곳에서 간장이라는 이름이 각인되어 있는 보검을 찾아 냈다.

미간척은 어머니에게 작별 인사를 남기고 보검을 어깨에 메고 아버지의 원수를 갚으러 길을 떠났다.

서울을 향해 가는 도중에 검은 옷을 입은 사나이와 만나 길동무를 했다. 미간척의 기막힌 사연을 들은 검은 옷의 사나이는

"너의 목과 보검을 나에게 맡겨 준다면 내가 너의 원수를 갚아 주겠다."

하고 제의했다.

"아버지의 원수를 갚을 수만 있다면 어떤 희생이든 감수하겠습니다. 그렇지 않아도 저는 너무 어려서 어떻게 해야 할지 막막할 뿐이었습니다."

미간척은 순순히 검은 옷의 사나이의 말을 따르기로 했다. 미간척은 등에 메고 있던 칼로 자기의 목을 베었다.

검은 옷의 사나이는 미간척의 시신을 묻어 주고, 머리와 보검을 가지고 초왕에게 찾아갔다.

초왕은 검은 옷의 사나이의 말을 듣고 좋아하며, 미간척의 머리를 솥에 넣어 삶으라고 했다.

그런데 이상하게 사흘 동안 밤낮으로 불을 지펴 삶았는데도 머리가 물러지지 않았다. 머리카락 한 올, 피부 한 점 손상되지 않았고, 몇 번씩이나 솥에서 튀어올라 두 눈을 부릅뜨고 땅바닥을 굴러다니는 것이었다.

초왕은 은근히 걱정이 되었다.

"도대체 어찌 된 까닭인가?"

초왕이 검은 옷의 사나이에게 물었다.

"전하께서 친히 솥 안을 들여다보신다면 전하의 위엄에 눌려 머리가 꼼짝 못할 것입니다."

초왕은 그 말이 그럴듯하여, 정신을 가다듬고 솥 가까이로 다가갔다. 그리고 목을 늘여 빼고 솥 안을 들여다보는 순간, 검은 옷의 사나이가 보검을 빼들고 초왕의 목을 쳤다. 초왕의 머리는 풍덩 하는 소리와 함께 솥 안으로 떨어졌다.

그러자 미간척의 머리가 초왕의 머리의 귀를 물어뜯었다. 초왕의 머리는 미간척의 머리의 코를 물어뜯었다. 이 머리 싸움을 보고 있던 검은 옷의 사나이가 보검으로 자기의 목을 치자 솥 안으로 들어가 그 머리가 미간척의 머리를 도와 초왕의 머리를 물어뜯기 시작했다.

　머리 셋이 솥 안에서 물고 뜯고 하는 통에 솥 안에는 석 자 높이의 뜨거운 파도가 요동을 쳤다.

　이 격렬한 싸움은 이레 동안이나 계속되었다. 이레 동안 계속해서 장작불이 지펴졌다. 이레가 지나자 비로소 머리들이 가라앉고 솥 안이 조용해졌다.

　그제서야 사람들이 다가가 국자로 건져 보니 하얀 해골 세 개만 남아 있었다. 어느 것이 미간척의 것이고, 어느 것이 초왕의 것이고, 어느 것이 검은 옷의 사나이 것인지 구별할 수 없었다.

　끓다 남은 솥 안의 국물을 셋으로 나누어 토기에 담아서 세 군데에 각각 묻어 주었다. 이것이 바로 삼왕묘(三王墓)이다.

③ 고집대로 산 사람들

아버지가 감옥 간 해 태어나 출옥하던 날 죽은 홍차기
장수가 된 계집종의 아들 유극량
올곧게 산 김수팽
부채 1천 자루에 시를 지은 이언진
하룻밤에 시 1백 수를 지은 이양필
볼기짝에 글씨 쓰게 한 정민수
붓을 어깨에 동여매고 글씨 쓴 조광진
중국 사신이 감탄한 안견의 대나무 그림
술에 취해야 화필을 든 김명국
그림 팔아 술 사먹은 최북
손바닥만한 연못에 쌀뜨물을 채우고 달을 즐긴 임희지
호랑이 새끼의 병 고쳐 준 양예수
까막눈 명의 김응립
늙은 국수와 젊은 도전자 김한흥
권문세가 꾸짖은 거문고 명인 김성기

아버지가 감옥 간 해 태어나 출옥하던 날 죽은 홍차기

충청도 충주 사람 홍인보가 살인 사건에 연루되어 옥에 갇혔을 때, 아내는 임신중이었다.

홍인보의 아내는 아기를 낳아 '홍차기'라 이름을 지었고, 아기를 시동생에게 맡기고는 남편의 억울함을 호소하기 위해 서울로 올라갔다. 홍차기는 작은아버지를 아버지로 알고 자랐다.

홍차기가 네 살 때, 동네 아이들과 함께 놀다가 별안간 경기를 일으키고는 울면서 밥을 먹지 않았다. 이런 일이 한 달에 세 번이나 있었다. 나중에 알아보니, 차기가 경기를 일으킨 날은 그의 아비 홍인보가 충주 관아에서 심문을 받는 날이었다.

차기가 열 살이 되자, 차기의 아비 홍인보는 자기가 이미 늙은데다가 출옥할 기약이 없어 자식을 만날 수 없게 되지 않을까 하는 생각이 들었다. 그래서 동생에게 연락하여, 차기에게 사실대로 밝히고 감옥으로 데려오게 했다.

고집대로 산 사람들

처음 상봉한 부자는 서로 끌어안고 대성통곡을 했다. 이 때부터 차기는 충주 읍내에 살면서 나무를 해다 팔아 쌀을 사서 아버지 옥바라지를 했다.

그렇게 산 지 몇 해가 지났다. 어머니는 여러 차례 진정서를 올렸으나 답을 받지 못하고 서울에서 객사하고 말았다. 어머니의 시신을 고향으로 모셔와 장례를 치르고, 홍차기는 울며 아버지에게 하직 인사를 올렸다.

"어머니가 아버지의 억울함을 풀어 드리기 위해 백방으로 노력했으나 뜻을 이루지 못하고 한을 품고 돌아가셨습니다. 이제 제가 아니면 누가 아버지의 억울함을 풀어 드릴 수 있겠습니까."

어린 홍차기는 서울로 올라가 신문고를 쳤다. 지방에서 발생한 사건을 조사하기 위해 파견하는 조사관이 몇 번 충주를 다녀갔으나 결론이 나지 않았다.

이듬해 여름에 큰 가뭄이 들자, 임금이 직접 전국에 명을 내려 중죄인을 재심문하여 억울한 사람의 한을 풀어 주게 했다.

홍차기는 대궐 근처에 엎드려 있다가 출근하는 대신들을 만나면 가마 앞을 가로막고 아버지의 억울함을 하소연했다. 그러자 보는 사람들이 감동하여 때로는 밥을 갖다 주기도 하고, 더러는 머리를 빗겨 이를 잡아 주기도 했다.

마침내 형조 판서가 홍차기의 일을 임금에게 아뢰었고 임금이 측은하게 여기고 자세히 조사해 보고하라고 명했다.

이것도 인생이다

조사관이 '워낙 오래 된 사건이라 애매한 점이 많다.'면서 임금에게 직접 가부 결정을 해 달라고 보고했다. 임금은 '사면하라'고 명했다. 이렇게 해서 홍인보는 석방되었다.
홍차기는 아버지에 대한 사건이 재조사되자 서울과 충주를 오가면 노심초사하다가 병이 들어 쓰러졌고, 마침내 아버지가 사면되었다는 소식을 듣고는
"우리 아버지가 살아나셨네."
라고 큰 소리로 외치고는 숨지고 말았다.
홍차기는 아버지가 옥에 들어가던 해에 태어나 아버지가 옥에서 나오던 해에 죽으니, 그의 나이 열네 살이었다.

장수가 된 계집종의 아들 유극량

　문경 사는 유 좌수가 아내의 장례를 치르고 무덤의 봉분을 쌓은 뒤 집으로 돌아오니, 마당에 젊은 여자가 쓰러져 있었다.
　죽은 것이 아닌가 하고 가슴에 손을 대 보니 온기가 약간 남아 있었다.
　유 좌수가 젊은 여자를 방에 누인 뒤 물을 입에 흘려 넣고 손발을 주물렀더니 한참만에 숨을 내쉬며 살아났다.
　"너는 누구인데 남의 집 마당에 쓰러져 있단 말이냐."
　"쇤네는 영의정 홍섬 대감댁 계집종 옥대이옵니다."
　옥대는 영의정 대감의 방을 청소하다 임금께서 하사하신 옥술잔을 깨뜨리고는 겁이 나서 달아났다. 문경 새재에 이르러 발이 부르트고 갈증이 나 계곡 바위에 누워 쉬고 있는데, 난데없이 호랑이가 나타나 어흥 하고 소리를 지르는 바람에 그만 정신을 잃고 말았다.

"그러니, 쉰네도 쉰네가 왜 이 댁 마당에 쓰러져 있는지 모를 일입니다."

호랑이가 옥대를 물어다 마당에 놓고 간 것이 아니었을까, 유 좌수는 그렇게 생각했다.

옥대의 몸은 다친 데라고는 한 군데도 없이 말짱했다. 옥대는 그 날로 유 좌수댁에 눌러앉아 좌수의 후처가 되었고, 2년 후에 아들 극량을 낳았다.

유극량이 태어난 후 유 좌수가 세상을 떴다. 옥대는 송도로 이사 가서 살았다.

유극량은 어려서부터 산에서 나무를 해다 장에 내다 팔아 생계를 이어 나갔다.

유극량은 장성하면서 담력이 세고 꾀가 출중한 장부가 되었다. 개성의 어느 부잣집에 귀신이 붙어 여러 해 동안 비어 놓아 폐가가 된 집이 있었는데, 극량이 그 집 주인을 찾아가 헐값에 귀신 붙은 집을 샀다.

유극량이 귀신 붙은 집에 가서 안방에 누워 있는데, 한밤중이 지나자 머리에 흰 띠를 두른 장정 12명이 들이닥쳤다.

"웬놈들이 남의 집에 함부로 들어오는 것이냐."

유극량은 이렇게 소리치고는 주먹으로 치고 발길로 차니, 괴한들이 이기지 못하고 달아나 뒤뜰의 대숲으로 숨는 것이었다.

이튿날 날이 밝자마자 유극량은 괴한들이 숨어든 대숲으로 가서 땅을 다섯 길쯤 파니, 은으로 만든 동자상 열두 개가 나왔다.

유극량은 그 동자상을 팔아 살림을 장만하고, 무예를 배워 선조 초에 무과에 합격했다.

아들의 무과 합격 소식을 듣고 옥대가

"나는 본래 영의정 홍섬 대감댁 계집종이었다. 너는 종의 자식이니 과거를 볼 자격조차 없는데 무과에 합격했다니, 이는 나라를 속인 일이다. 영의정 대감을 찾아가 자초지종을 아뢰고, 종으로 삼아 달라고 아뢰어라."

유극량은 어머니의 말대로 홍섬 대감을 찾아가 어머니와 자신의 내력을 밝히고 종으로 삼아 달라고 청했다.

홍 대감은 유극량의 말을 듣고, 속량 문서를 써 주면서

"너는 나의 종이 아니다."

하고 선언했다.

유극량은 전라도 수군 절도사를 지냈고, 임진왜란 때는 부원수로서 임진나루를 지키면서 왜적의 북상을 막다가 전사했다.

유극량은 연안 유씨(延安劉氏)의 시조가 된 사람이다.

이것도 인생이다

올곧게 산 김수팽

영조 때 호조의 서리를 지낸 김수팽이 어느 날 선혜청 서리를 지내고 있는 아우의 집에 갔더니 마당에 동이가 줄지어 있고 검푸른 물감이 곳곳에 묻어 있었다.

"저것이 다 무엇인가?"

김수팽이 아우에게 물으니

"집사람이 염색업을 하고 있습니다."

하고 아우가 대답했다.

김수팽은 아우의 말을 듣고 크게 노하여

"우리 형제가 모두 녹을 받고 있는데, 이런 일을 한다면 저 가난한 사람들은 무얼 해 먹고 살란 말이냐."

하고는 동이를 모두 엎어 버렸다.

호조의 서리를 지내던 어느 날 김수팽이 급히 결재를 받아야 할 일이 있어 호조 판서의 집으로 찾아가 결재를 청했다.
 호조 판서는 손님과 바둑을 두느라고 정신이 없는지 고개만 끄덕이고 바둑판에서 눈도 떼지 않았다. 한식경이 지나도록 바둑은 끝나지 않았다.
 김수팽은 손으로 바둑판을 쓸어 버리고
 "죽을 죄를 지었습니다. 하지만 이 일은 나라 일이라 늦출 수 없으니 결재해 주십시오."
하고 청하니, 호조 판서는 수염을 부르르 떨면서 꼼짝없이 결재를 해 줄 수밖에 없었다.
 김수팽은 그 길로 결재 서류를 동료 서리에게 맡겨 시행토록 부탁하고는 사직서를 내고 나왔다.
 호조 판서는 김수팽을 불러 사과하고 사직서를 되돌려주었다.

 어느 날 저녁 늦게 영조가 환관을 시켜 호조의 돈 10만 금을 가져오라 명한 적이 있었다.
 그 때 마침 김수팽이 숙직을 하고 있었다. 김수팽은 10만 금을 호조 판서의 결재 없이 내줄 수 없다고 거절했다. 환관은 어명이니 어서 내놓으라고 소리를 지르며 다그쳤다.
 김수팽은 해뜰 무렵에야 황소 걸음으로 천천히 호조 판서의 집

85

에 가서 결재를 받아 와 돈을 내주었는데, 그 때는 이미 날이 밝아서 해가 높이 떠오른 뒤였다.
영조가 그 이야기를 듣고 김수팽을 가상히 여겼다.

김수팽이 어렸을 때 집안이 몹시 가난했다.
어느 날 아침 어머니가 아궁이에 불을 지펴 밥을 짓다가 아궁이 밑이 전과 같지 않아서 파 보았더니 돈 궤짝이 나왔다.
어머니는 마치 못 볼 것을 본 것처럼 돈 궤짝을 묻어 놓고, 그 집을 팔고 다른 집으로 이사를 갔다.
"가난하게 사는 우리가 졸지에 부자가 되는 것은 불길한 일이기에 그 돈을 가지지 않았다. 그런데 막상 이 집으로 이사를 오고 나니 그 돈에 마음이 끌리는구나."
나중에 김수팽에게 해 준 어머니의 솔직한 말이었다. 이런 어머니 밑에서 자란 김수팽이었기에 그렇게 바른 삶을 살 수 있었을 것이다.

부채 1천 자루에 시를 지은 이언진

이언진(1740-1766)은 대대로 역관 벼슬을 한 중인 가문 출신으로 서울에서 태어났다.

어려서부터 책을 읽으면 눈이 스치고 지나만 가도 놓치는 것이 없을 만큼 재주가 비상했다. 놋주발을 쳐서 그 울리는 소리가 끝나기 전에 시를 지어 낼 정도였다.

어느 겨울날 아침, 느지막이 자리에서 일어나 세수하고 머리를 빗은 뒤, 단정히 앉아 글을 베껴 쓰는데, 아침밥을 먹기 전까지 30여 쪽을 썼으나, 글씨는 모두 획이 일정해 인쇄한 듯 단정했고, 빠뜨린 글자라고는 한 자도 없었다.

이언진이 스물네 살 때 일본으로 가는 통신사에 서기로 선발되었다.

일본 사람들은 우리 사신이 가면 늘 떼로 몰려와 시문과 글씨를 요구했고, 때로는 수천 수백 자로 이루어진 문장을 미리 준비해 두었다가 느닷없이 내놓으며 화답해 달라고 요구했는데, 이런 수작은 다 우리 사신을 골탕먹이려는 짓이었다.

　이언진이 일본에 이르자, 일본 사람들이 부채 5백 자루를 가지고 와서 그 부채에 시를 지어 써 달라고 요구했다. 이언진은 그 자리에서 먹을 갈아 시구를 써 나가 부채 5백 자루를 다 채웠다.
　일본 사람들이 담장을 치듯 에워싸고 이언진의 하는 양을 보고는 놀라고 또 기뻐했다. 그들은 부채 5백 자루를 더 가지고 와서
　"우리는 공의 재주에 탄복했습니다. 이 새 부채에 아까 썼던 시들을 다시 써 줄 수 있겠습니까?"
하고 이언진의 기억력을 시험하려 했다.
　이언진이 기억을 되살려 좀 전에 쓴 시 5백 수를 써내려 가는데 마치 손에서 가을 비 오는 소리가 나는 듯했다. 이언진이 잠시 머뭇거림도 없이 새 부채 5백 자루에 시를 써 주는데, 전번 것과 글자 하나 다른 것이 없었다.
　일본 사람들은 귀신 같은 재주라고 감탄하고 혀를 내둘렀다.
　이 일로 이언진의 이름은 순식간에 일본 천지에 퍼져 나갔다.
　이런 이언진이 나이 겨우 스물일곱에 세상을 떴고, 세상을 뜨기 직전에 자기가 남긴 시를 모두 불태우고 말아 세상에 전해지는 것이 없다.

하룻밤에 시 1백 수를 지은 이양필

정조 때 사람 이양필은 승정원 하급 관리로 조보(조정의 회의기록)를 베끼는 일을 하고 있었다.

정사년(1797)에 승정원에 사고가 나 승정원 승지와 서리들이 모두 파직당하고 오직 이양필 한 사람만 남게 되었다.

정조는 다른 부서에 입직하고 있던 신하들에게 승정원의 일을 임시로 맡아 보게 했으나, 전부터 해 오던 관행을 알지 못해 서로 얼굴만 바라보고 어쩔 줄 모르고 있었다. 그 때 이양필이 입으로 부르고 손으로 쓰며 모든 사무를 척척 처리해 내는데, 법도에 맞지 않은 것이 없고 성실하지 않은 것이 없었다.

어느 날, 친구와 함께 한강에 나가 놀다가 주막에 들었는데, 아예 드러누워 일어나지 않는 것이었다. 날이 저물어 친구가 집에 가자고 채근하니 이양필은 꼼짝 않고 누워서 이렇게 말했다.

"여보게, 내 뱃속에 지금 시 초고가 가득 들어 있네. 아직 마무리를 하지 못했으니, 다 지으면 일어나겠네."

"이 사람아, 집에 돌아가서 마무리하면 되지 않겠나."

"이 아름다운 경치를 보게. 이 아름다운 경치의 기운이 사라지기 전에 시를 마무리하려는 것일세. 집에 가면 마누라와 아이들 때문에 망치고 말 거야."

이양필은 주막에서 하룻밤 자면서 시 1백 수를 지었다.

볼기짝에 글씨 쓰게 한 정민수

정민수(1767-1828)는 배가 나오고 머리카락이 듬성듬성한 마흔다섯에 장가를 들었다. 노년에 이르러 아내와 함께 시골로 내려가 산수를 벗삼고 유유자적하며 살았다.

어느 해 큰 흉년이 들었다. 어느 날 한밤중에 유리걸식하는 사람들이 정민수의 오막살이로 들이닥쳤는데 손에 칼을 든 자가 수십 명이었다. 정민수가 울타리 사이로 대지팡이를 내밀며

"이놈들, 나는 무기가 없는 줄 아느냐. 너희들이 나를 어쩔 셈이냐?"

하고 소리를 지르니, 도적들이 한바탕 웃음을 터뜨렸고, 정민수도 껄껄 웃으면서 사립문을 열어 주며

"쓸 만한 물건이 있으면 모두 가져가거라."

했다. 도적들이 관솔불을 들고 사방을 뒤져 보았으나, 방 안에 있는 물건이라고는 물레 하나와 책뿐이었다. 도적들은 그제서야 물

러갔다. 그 중 한 놈이 정민수가 쓰고 있는 다 헤진 갓을 낚아채 갔다.

"이놈아. 다 헤진 갓 하나 가져간다고 해서 아까울 것은 없다. 하지만 내가 갓도 안 쓴 채 제사지내고 손님을 맞을 수는 없는 일이다."

정민수가 이렇게 말하니 도적이 웃으면서 갓을 돌려주었다.

그 뒤 정민수는 서울로 돌아와 아이들을 가르치며 생계를 이어갔다.

한번은 술에 취해 바지를 내려 무릎에 걸치고, 큰 붓에 먹물을 듬뿍 찍어 아이들에게 들려 주며, 자기의 볼기짝과 넓적다리에 글씨를 쓰게 했다. 이렇게 해서 새까맣게 된 볼기짝을 두드리며 어린애처럼 좋아했다.

붓을 어깨에 동여매고 글씨 쓴 조광진

조광진(1772-1840)은 말을 더듬었기 때문에 호를 '눌인'이라고 했다. 그는 평양에서 태어났는데 집안이 가난해 이기저기 서당을 떠돌면서 공부했다.

조광진이 쓴 평양 쾌재정(快哉亭)의 편액을 보고 중국에서 온 사신이

"아니, 조선 땅에 이런 명필이 있단 말인가?"

하고 놀라며 한번 만나 보기를 원하고, 1백 부나 탁본해 갔다.

추사 김정희도 조광진의 글씨를 보고

"예스럽고 우아하며 기묘하게 빼어나고, 괴이하고 위대한 것이 특별히 뛰어난 서체로다. 압록강 동쪽에는 있지 않았던 글씨다."

하고 극찬했다.

김상서가 평양 감사로 있을 때 조광진에게 큰 글씨를 쓰게 하려고, 연광정에다 정자 크기만 하게 종이 여러 묶음을 이어서 붙여 놓

았는데, 정자는 서른 간쯤 되었다. 그리고 절구공이를 붓대로 삼고 먹물을 적시니 붓털의 굵기가 소의 허리만 했다. 이렇게 큰 붓을 조광진은 윗옷을 벗고 어깨 위에 새끼줄로 동여매고, 큰 걸음으로 걸어다니며 글씨를 썼다. 그 모습은 마치 소반 위를 기어다니는 개미 같았다.

조광진은 날개 익(翼) 자를 먼저 쓰고, 싸움 전(戰) 자를 썼다. 구경하는 사람들은 난간 위에 올라가 있었는데, 가까이서 보면 글씨가 잘 되었는지 못 되었는지 분간이 되지 않았지만, 쉰 발짝쯤 떨어져서 보니 그제야 글씨 짜임새의 오묘함이 탄성을 자아내게 하는 것이었다.

김상서가 찬탄하여

"싸움 전자는 짧고 날개 익자는 긴 글자인데도 성글고 조밀함이 서로 어울리니 이는 손과 눈이 미칠 수 있는 경지가 아니다."

하고 조광진에게 큰 상을 내렸다.

그 뒤 이조 판서 신재식이 이 글씨를 가지고 중국에 갔는데, 중국의 어떤 선비가 이 글씨를 얻어 조광진에게 감사하다는 편지와 함께 후한 선물을 보내 왔다.

중국 사신이 감탄한 안견의 대나무 그림

　조선 성종 때 명나라에서 대나무와 돌을 잘 그리기로 소문난 김식이 사신으로 왔다. 김식은 조선의 화가들이 그린 대나무 그림을 보고 싶어했다. 성종은 전국에 명을 내려 대나무 그림을 가져오게 해서 김식에게 보여 주었다.
　"이 그림들은 대나무가 아니라 삼나무거나 갈대다."
　김식은 이렇게 혹평하고 진짜 대나무 그림을 보여 달라고 했다.
　성종은 궁궐의 정원을 관리하는 내관에게 명하여 대나무 화분 하나를 가져오게 하여 이파리를 모두 따 내고, 마루에 놓아 두었다가 해질 무렵, 안견을 불러 그 모양대로 그리게 했다. 이 그림을 김식에게 보여 주니 김식은 깜짝 놀라며
　"이것이 진짜 대나무다. 비록 중국의 명인이 그린 그림이라 해도 이 그림만큼 그리기는 어려울 것이다."
하고 극찬했다.

술에 취해야 화필을 든 김명국

김명국은 조선 인조 때 사람이다. 그는 인물화와 수석을 잘 그렸다.

김명국은 술을 워낙 좋아해서 한번 마셨다 하면 막걸리 서 말쯤 마셔야 겨우 간에 기별이 간다고 할 정도로 마셨다. 그림을 그릴 때는 크게 취해야 붓을 들었는데, 필치가 분방하고 뜻이 무르익어 참으로 훌륭한 그림을 그렸다.

김명국에게서 그림을 얻고 싶은 사람은 반드시 술독을 지고 갔고, 김명국을 자기 집으로 불러 그림을 부탁하는 사대부들은 반드시 술독 가득 술을 준비해 두고 그를 불렀다. 그래서 사람들은 김명국을 가리켜 '술미치광이' 라고 불렀다.

한번은 영남 지방의 중이 비단 한 폭을 가지고 김명국을 찾아와 '지옥도' 를 그려 달라고 부탁하면서 가는베 수십 필을 내놓았다.

김명국은 아내에게 베를 건네주며 말했다.

"이걸 팔아 술을 담가 몇 달 동안 실컷 마실 수 있게 해 주시오."
몇 달 후 중이 찾아와 그림을 다 그렸는지 알아보았다.
김명국은 중에게
"아직 못 그렸네. 돌아갔다가 내가 그리고 싶은 생각이 들 때까지 기다리게."
하고 돌려보냈다. 이렇게 하기를 여러 차례, 중이 그림을 부탁한 지 벌써 1년이 지나가고 있었다.
하루는 김명국이 술을 실컷 마시고 흠뻑 취해서 비단을 펼쳐 놓고 비단폭을 뚫어지게 바라보다 한 번 붓을 휘둘러 그림을 그려 내니, 귀신을 모시는 집이며 귀신들의 형색이 뚜렷하여 마치 살아 있는 듯이 보였다.
그런데, 머리채를 휘어잡힌 채 끌려 가는 자, 형벌을 받는 자, 살이 저며지고 태워지는 자, 절구에 찧이고 맷돌에 갈리는 자, 이렇게 죄를 받는 자들을 모두 중과 비구니로 그려 놓았다.
중이 그림을 보고는 깜짝 놀라
"아이고, 어째서 벌받는 사람을 모두 중으로 그려 놓으십니까?"
하고 숨을 헐떡거리며 안절부절못하는 것이었다.
김명국은 두 다리를 쭉 뻗고 앉아서 웃으며 말했다.
"너희 중놈들이 지은 악업은 바로 혹세무민 아니냐. 그러니 지옥에 들어갈 자들이 바로 너희 중놈들이 아니고 누구겠는가."
"제발 이 그림은 태워 버리고, 그림값이나 돌려주십시오."

"그림값은 이미 내 뱃속에서 나를 천국으로 여러 번 안내하느라 없어졌다네. 자네가 술을 사 오면 이 그림을 고쳐 줌세."

중은 어쩔 수 없어 술을 사 왔다. 김명국은 큰 잔 가득 술을 부어 고개를 꺾어 마시고는 술기운이 솟아오르자 다시 붓을 잡았다.

중의 까까머리에 상투를 그려 넣거나 풀어 헤친 머리를 그려 넣고, 맨턱에는 수염을 그려 넣고, 중옷에는 색칠을 해 넣고 하면서 순식간에 마무리를 지으니 먼젓번 그림은 간 데 없고, 전혀 새로운 '지옥도'가 펼쳐졌다.

김명국은 붓을 던지고 다시 큰 잔에 술을 가득 부어 마시고는 껄껄껄 웃었다.

중은 그 신통한 솜씨에

"선생은 정말 신필입니다."

감탄하며 절을 올리고, 그림을 가지고 떠났다.

그림 팔아 술 사먹은 최북

　조선 말의 화가 최북은 호가 칠칠(七七)인데, 이름자 북(北)을 파자한 것이다.
　최북은 한 쪽 눈이 멀어 늘 한 쪽 눈에만 안경을 끼고 다녔고, 술을 즐겨 마시고, 구경 다니기를 좋아했다.
　어느 해 최북은 금강산 구룡연을 찾아가, 기분이 매우 좋아 술을 흠뻑 마시고 대취하여 울다 웃다 하더니, 소리를 크게 지르며
　"천하의 명인 최북은 마땅히 천하의 명산에서 죽어야 하리라."
하고는 몸을 날려 연못으로 뛰어들었다.
　마침 곁에 있던 사람이 붙잡는 바람에 연못에 빠지지는 않았다. 사람들이 최북을 떠메고 산을 내려와 바위에 뉘어 놓았다. 최북은 쌕쌕거리며 누워 있다가 벌떡 일어나 찢어지는 듯한 휘파람 소리를 냈다. 숲을 울리는 그 소리에 둥지 속의 새들이 모두 지저귀며 날아가 버렸다.

최북은 늘 하루에 술을 대여섯 되나 마셨다. 최북은 집에 있는 책이나 종이, 비단 따위를 갖다 주고 술을 사 마셨다. 그러니 살림은 갈수록 궁색해졌고, 최북은 그림을 들고 동래로 평양으로 다니면서 팔았고, 그의 그림을 사기 위해 비단을 들고 그가 묵고 있는 집을 찾는 사람들의 발길이 끊이지 않았다.

산수화를 그려 달라는 사람에게는 최북은 산만 그리고 물은 그리지 않았다.

"왜 물은 그리지 않습니까?"

하고 물으면

"이 사람아, 종이 밖이 다 물일세."

하고 붓을 던지는 것이었다.

자기 맘에 들게 그려진 그림인데, 그림값을 적게 주면 최북은 벌컥 화를 내고 욕을 퍼부으며 그림을 갈기갈기 찢어 버렸다. 간혹 자기 마음에 들지 않은 그림인데도 그림값을 후하게 주면 깔깔대며 돈꾸러미를 던져 주고 빨리 나가라고 쫓아냈다.

"그림도 볼 줄 모르는 주제에 그림은 갖고 싶어서…."

최북은 맘껏 그를 조롱하고 비웃었다.

하루는 풍류를 즐기고 예술을 사랑하여 예술가를 후원해 주는 종실의 이효 공자와 1백 냥을 걸고 내기 바둑을 두었다. 최북이 한창 승세를 타고 있는데 이효가 한 수 물러 달라고 했다. 최북은 바둑판을 휘저어 버리고는 손을 거두며 말했다.

"바둑이란 본시 오락이지요. 자꾸 무른다면 1년이 가도 한 판도 다 못 두게 됩지요."

이 날 이후 최북은 두번 다시 이효와는 바둑을 두지 않았다.

한번은 최북이 대갓집을 찾아갔는데, 청지기가 최북의 이름을 대놓고 부르기 멋쩍었던지

"최 직장이 왔습니다."

하고 아뢰었다. 직장은 종7품 벼슬이다. 흔히 미관말직이란 뜻으로 쓰는 말이다.

최북이 화를 벌컥 내며

"어째서 최 정승이라고 하지 않고 최 직장이라고 아뢰느냐?"

하고 언성을 높였다.

"언제 정승이 되셨소?"

"그럼 내가 언제 직장 벼슬을 했단 말이냐. 직함을 빌어 나를 높여 부른다면 왜 정승이라 하지 않고 하필 미관말직인 직장이란 말이냐."

이렇게 청지기를 몰아세우고는 주인을 만나지 않고 돌아와 버렸다.

손바닥만한 연못에 쌀뜨물을 채우고 달을 즐긴 임희지

임희지는 1790년 역과에 합격한 중인 출신으로, 둥근 얼굴에 빳빳한 구렛나루가 났고, 키가 8척 장신인 훤출한 대장부였다. 술을 너무 좋아한 나머지 밥을 먹지 않고 며칠 동안 술만 마시며 산 적도 있었다.

대나무와 난초를 잘 그려 이름을 날렸는데, 그가 그린 그림에는 항상 수월(水月)이란 글자를 이어서 썼다.

집이 가난하여 값나가는 물건이 없지만, 그래도 거문고, 옛 칼, 거울, 벼루는 가지고 있었다. 그 중에도 붓을 걸어 놓는 옥으로 만든 필가는 값이 7천 냥이나 나가 그가 살고 있는 집값의 몇 곱절이나 되었다.

임희지는 젊은 여자를 데리고 살았는데

"내 집에는 화초를 기를 땅이 없으니, 이 젊은 여자가 이름난 한 송이 꽃이 될 만하다."

하고 변명했다.
 그의 집 마당은 반 이랑도 못 되지만, 사방 몇 자쯤 되는 손바닥 만한 연못을 파고, 연못에 댈 샘물이 없어 쌀뜨물을 모아 남실남실 부어 놓았다. 그리고는 연못가에서 휘파람을 불고 노래를 불렀다.
 "내 호가 수월(水月) 아닌가. 달이 어찌 맑은 물 쌀뜨물 가려 가며 비출 것인가?"

 한번은 임희지가 배를 타고 강화도 서북쪽에 있는 작은 섬 교동도로 가다가 바다 한가운데서 거센 비바람을 만났다.
 배를 탄 사람들은 뱃바닥에 엎드려 '부처님' '보살님'을 부르며 사색이 되어 있는데, 임희지는 벌떡 일어나 칠흑 같은 구름과 흰 파도 속에서 덩실덩실 춤을 추었다.
 바람이 잦아들고, 사람들이 겨우 정신을 수습하고는 물었다.
 "하마터면 물귀신이 될 뻔한 마당에 춤을 추다니, 당신 제 정신이오?"
 "사람의 죽음은 항상 있는 일이지만, 바다 한가운데서 바람 불고 비가 쏟아지는 기이한 장관은 쉽게 볼 수 있는 것이 아니지 않소. 어찌 춤을 추지 않을 수 있겠는가."

호랑이 새끼의 병 고쳐 준 양예수

MBC 드라마 '허준'에 어의로 나온 양예수는 조선 선조 때 사람이다.

그가 사신을 따라 중국에 갔을 때, 압록강을 건너 노숙하고 있는데, 호랑이가 나타나 양예수를 업고 달리더니, 높은 언덕 위에 내려놓고 새끼들을 물어다 그의 앞에 늘어놓았다.

호랑이는 양예수에게 절을 하고 땅바닥에 엎드려 애걸하는 시늉을 했다.

양예수는 새끼 가운데 탈이 난 놈이 있나 보다 싶어 새끼들을 살펴보았더니, 그 중 한 놈이 다리가 부러져 곧 죽을 지경에 이르러 있었다.

양예수는 약주머니에서 환약을 꺼내 부러진 다리에 붙이고는, 송진을 갈아 붙이는 시늉을 하며 손가락으로 소나무를 가리키니, 호랑이는 고개를 끄덕끄덕 했다.

그리고는 거듭 고맙다는 시늉을 하며 검은 돌 하나를 그의 앞에 물어다 놓았다. 양예수가 돌을 집어 품에 넣자 호랑이는 그를 업고 노숙하던 곳으로 데려다 주었다.

연경에 도착하여 그 돌멩이를 보여 주었더니

"이 돌은 주천석(酒泉石)이오. 이 돌을 물에 담가 두면 물이 술로 변합니다. 세상에 둘도 없는 보물이지요."

하고 놀라는 것이었다.

양예수가 물을 가져다 그 돌을 담가 두었더니 정말로 물이 술로 변했다.

까막눈 명의 김응립

김응립은 낫 놓고 기역자도 모르는 까막눈이었으나, 진맥하지 않고, 증세를 묻지도 않고, 다만 형색을 관찰해 병이 든 원인을 알아 냈고, 처방하는 약도 일반적으로 쓰는 약이 아니었다.

금산 고을 사또 이락이 며느리를 얻었는데, 해소병이 아주 심했다. 이락이 김응립을 불러 치료를 부탁했다.

"며느님 안색을 한 번 본 뒤에 처방을 내겠습니다."

"이 사람아, 지금 사람이 거지반 죽게 됐네. 어서 들어가 살펴보게."

김응립이 이락의 며느리를 살펴보고는 처방을 내렸다.

"이 병은 아주 쉽게 고칠 수 있습니다. 위장에 날음식이 체해 있어서 그런 것입니다. 엿 몇 개를 물에 녹여서 먹으면 반드시 무엇인가를 토해 낼 것입니다."

김응립의 말대로 이락은 엿 몇 개를 물에 녹여 며느리에게 먹였다. 엿물을 먹은 지 얼마 안 되어 환자가 가래 한 덩이를 토해 냈다. 가래 덩이를 갈라 보니 작은 가지 한 개가 전혀 상하지 않은 채로 있었다.
"제가 열 살 때, 가지를 따 먹다가 잘못해서 그냥 삼켰는데, 아마 그것인 모양입니다."
그 후 이락의 며느리는 해소병을 말끔히 고치고 건강했다.
이락의 조카사위가 몇 해 동안 고질병을 앓고 있었다. 김응립의 신묘한 의술을 이락에게 전해 듣고 찾아와 진찰을 받았다.
"다른 약은 먹을 필요가 없겠습니다. 지금은 가을이니 낙엽이 지거든 종류를 가리지 말고 상하거나 썩지 않은 것을 골라 몇 바리를 큰 가마솥 대여섯 개에다 달이되 차차 줄어들어 한 사발쯤 되면 수시로 복용하십시오."
김응립의 처방대로 했더니 과연 고질병이 씻은 듯이 나았다.
또 어떤 사람은 몸이 뒤틀리는 병을 앓고 있었는데, 김응립이 그를 보고 종이를 가늘게 말아 콧구멍을 쑤셔 재채기를 하게 해 자세를 반대로 하게 했다. 이렇게 하기를 하루종일 했더니 병이 나았다.

늙은 국수와 젊은 도전자 김한흥

조선 시대 바둑을 제일 잘 두었던 사람으로 김종귀를 꼽는다.

김종귀의 뒤를 이어 김한흥, 이학술, 고동 같은 사람을 꼽는데, 특히 한창때의 김한흥은 원로 김종귀보다 자기 수가 낫다고 뽐내며, 스스로 적수가 없다고 자부했다.

어느 날 김종귀와 김한흥이 내기 바둑을 두었다. 구경꾼이 두 사람을 에워싸고 숨을 죽였다.

젊은 김한흥은 바둑판을 꿰뚫을 듯한 눈빛으로 종횡무진 물러났다 부닥쳤다 하는 것이 날랜 말이나 굶주린 매와 같았다. 그러나 늙은 김종귀는 손길이 서툴러 보이고, 바둑알을 놓는데 마치 바둑알의 무게도 감당하지 못하는 듯했다. 형세를 살펴보니 김종귀가 벌써 반이나 지고 있었다. 관전하는 이들이 귀엣말을 했다.

"오늘 이 한 판으로 김종귀는 김한흥에게 독보의 자리를 양보해야겠군."

김종귀가 바둑판을 밀치며 한숨을 내쉬고 말했다.
"이젠 늙어서 눈마저 어두워 바둑알이 가물가물 잘 보이지 않으니, 이대로 두었다가 내일 아침 정신이 맑아지면 다시 두세."
김종귀의 말에 사람들은
"예로부터 고수가 바둑 한 판을 이틀에 두었다는 말은 듣지 못했소."
하면서 지금 끝내라고 다그쳤다.
김종귀는 손으로 눈을 비비고, 다시 바둑판을 당겨 앉았다. 그리고는 한참 동안 바둑판을 뚫어져라 바라보더니 바둑알을 놓는데, 마치 흐르는 샛물을 끊고 둑을 막아 물길을 돌리는 듯, 적의 주요 통로에 매복했다 기습하는 듯, 다 져 가던 바둑을 순식간에 전세를 뒤집어 이겨 내는 것이었다.
구경하던 사람들은 놀라고 탄복했다. 김한흥은 어이없다는 듯 망연자실해 앉아 있었다.

옛날 중국 당나라 때 왕적신이라는 사람이 길을 가다가 날이 저물어, 늙은 시어머니와 젊은 며느리 두 사람만 살고 있는 초가삼간에서 하룻밤 묵어 가게 되었다.
왕적신이 두런거리는 소리에 눈을 떠 보니 시어머니와 며느리가 자리에 누워 천장을 바라보며

이것도 인생이다

"이제 어머니께서 두실 차례입니다. 무얼 그리 오래 보십니까?"
하고 말하면, 시어머니가
"가로 8번 세로 7번 점에다 두었다."
하고 말하는 것이었다.
 왕적신이 가만히 보니 시어머니와 며느리는 천장을 바둑판 삼아 머릿속에 기보를 그려 가며 가상의 바둑을 두고 있었던 것이다.

 또 중국의 송나라 때 양명학의 비조로 일컬어지는 육상산은 바둑알을 매달아 놓고 들여다보다가 주역의 원리를 깨달았다고 한다.
 여는가 하면 닫고, 잡는가 하면 놓아 주고, 나아가는가 하면 물러서고, 취하는가 하면 버리고, 속임수를 쓰는가 하면 정면으로 공격하고, 허수를 쓰는가 하면 실수를 쓰는 바둑의 수는 병법의 가장 높은 경지라고 할 것이다.

 김한흥은 젊어서부터 바둑을 잘 둔다고 이름이 났다. 그는 얼굴이 단아하고, 말수가 없고, 행동이 차분해 당시 바둑계에서는 '군자'로 일컬었다.
 김한흥은 상대가 수를 생각하느라 오랫동안 착점하지 않아도 '빨리 두라'고 재촉하지 않았고, 사람들이 상대를 훈수해도 말리지 않았고, 상대가 한 수를 물러도 거절하지 않았다. 그러나 상대가 착점하면 곧바로 따라 두었으므로 상대는 항상 쫓기는 마음으로 바둑을 두지 않을 수 없었다.

　김한흥은 바둑 한 판을 두는 동안 한 나절이 걸리건 꼬박 하루가 걸리건 간에 말 한 마디 하지 않고 미동도 하지 않은 채 앉아 바둑을 두었다.

　김한흥은 김종귀 이후 조선 팔도에서 바둑으로 그를 이길 사람이 없었다.

이것도 인생이다

권문세가 꾸짖은 거문고 명인 김성기

장안의 내로라 하는 집안에서 연회를 베풀 때, 불러 온 예인들이 집 안에 가득해도, 김성기가 없으면 격을 낮추어 보았다.

김성기는 나이 들어 마포 앞 서강가에 살면서 작은 배 한 척을 사 도롱이를 쓰고 낚싯대를 들고 고기를 낚으며 세월을 보냈다. 달 밝은 밤이면 배를 띄워 강 가운데로 나가 퉁소를 불었다. 슬픈 듯 원망하는 듯 청량한 가락이 하늘의 구름에까지 닿아, 퉁소 소리를 듣는 사람들의 애간장을 녹였다.

그 무렵 목호룡이란 사람이 일을 꾸며 큰 옥사를 일으키고, 그 때문에 무고한 충신들이 도륙을 당하고, 목호룡은 공신이 되어 그 권세가 대단했다.

목호룡이 잔치를 베풀면서 말을 보내 김성기를 초청했다. 그러나 김성기는 병을 핑계로 가지 않았다.

목호룡은 김성기 빠진 잔치는 김 빠진 밥솥 같은지라 심부름꾼을 여러 번 보내 김성기를 꼭 데려오도록 했다. 그러나 김성기는 방 안에 드러누워 꼼짝하지 않았다.

목호룡이 마침내 화가 나서 길길이 뛰며 협박했다.

"네가 끝내 오지 않으면, 반드시 너를 가만두지 않을 것이다."

김성기는 마지막으로 온 심부름꾼에게서 이 말을 전해 듣고는

"돌아가 목호룡에게 전해라. 내 나이 일흔이다. 어찌 목호룡을 두려워하랴. 목호룡이 고변을 잘한다고 하니 나를 고변해 죽여 보라고 해라."

하고 호통을 쳤다.

목호룡은 이 말을 전해 듣고 기가 죽어 잔치를 파하고 말았다.

④
득도한 사람들

이상한 거지 장 도령
밥을 먹지 않고 산 책장수
항문으로 물을 마신 김가기
해일이 밀려올 것을 미리 안 사람
홍수질 것을 예언한 늙은 거지
물만 먹고 산 머슴
홑옷 한 벌로 평생을 산 문유채
선지피 술과 아기손 안주
나는 새 없고 달리는 짐승 없다
땀 흘리는 금불상
소신 공양한 혜익 스님

이상한 거지 장 도령

조선 중종 때 도술을 잘한다고 소문난 사람은 전우치였다. 전우치는 자기의 도술을 믿고 사람들에게 교만을 떨었다. 그런 전우치도 장 도령 앞에서는 고양이 앞의 쥐처럼 꼼짝을 못 했다.

장 도령은 얼굴이 아주 못생겼고, 하고 다니는 꼴이 지지분했다. 나이는 마흔 살쯤 되어 보였으나, 아직 장가를 들지 못했는지 머리를 땋고 다녔다. 어깨에 자루 하나를 메고, 저잣거리를 돌아다니며 빌어먹었는데, 낮에는 도성 안 이곳 저곳을 다니지 않는 데가 없고, 밤에는 남의 집 대문간에서 쪼그리고 잤다.

장 도령은 종로 근처에서 주로 배회하면서, 머슴이나 종놈, 무뢰배 들과 어울려 시시덕거리며 지냈다. 성이 장씨(蔣氏)라고 해서 사람들은 그를 '장 도령' 이라고 불렀다.

전우치가 장 도령을 만나면 허둥지둥 쫓아와 배알하고 감히 쳐다보지도 못했다.

장 도령이 전우치의 인사를 받아도 본체만체하면서 고개도 돌리지 않고 "너 요즘 잘 지내냐?" 하면, 전우치는 두 손을 모아 잡고 "네, 네." 굽신거리며 대답하는데, 그 태도가 몹시 어려워하는 듯했다.

사람들이 전우치에게 "당신은 왜 장 도령을 그렇게 어려워하는가?" 하고 물으니

"우리 나라에는 지금 세 사람의 신선이 있는데, 장 도령이 제일이고, 그 다음이 정렴이고, 그 다음은 윤세평이라는 사람이다. 세상 사람들은 모르고 있지만, 나는 그분들을 알고 있으니 어찌 장 노령을 공경하고 두려워하지 않을 수 있겠는가."
하고 대답했다.

하루는 부모 덕에 벼슬을 한 사람이 장 도령에게 "당신은 도대체 어떤 사람인가?"를 물었더니 장 도령이 이렇게 대답했다.

"우리 집안은 호남 사대부인데, 어느 해 전염병이 돌아 양친을 비롯해 일가친척이 다 돌아가시고, 나만 혈혈단신으로 남았소. 의지할 데가 없어 조선 팔도를 돌아다니다가 서울로 흘러든 것이오. 그런 까닭에 나는 낫 놓고 기역자도 모르고, 무엇 하나 잘하는 것이라곤 없는지라, 이렇게 얻어먹고 살고 있소."
하고 대답했다.

그 사람은 장 도령이 불쌍해서 자주 불러 밥과 술을 먹이고 집에 별식이 생기면 늘 불러 먹였다. 그리고 곡식도 주고 하면서 많

이 도와 주었다.

어느 날 그 사람이 외출했다가, 포졸들이 시신 한 구를 끌고 흥인문(동대문) 쪽으로 가는 것을 보았다. 그가 부채로 얼굴을 가리면서 언뜻 시신을 보니 틀림없는 장 도령이었다.

장 도령이 서울에 와서 비럭질하며 산 지 어느 덧 15년째가 되는 해였다.

그로부터 십수 년이 지난 뒤의 일이다. 그 사람이 호남 지방에 갔는데, 지리산 아래를 지나다가 길을 잃고 자꾸만 산 속으로 들어가게 되었다. 날이 어두워져 오도가도 못하고 있다가 한 줄기 가느다란 오솔길을 발견하고 따라갔다.

길은 처음에는 좁고 으슥했는데, 한참 가니 점차 산수와 초목이 맑고 아름다워져 가면 갈수록 기이해졌다. 그렇게 한참을 가니 황홀한 별천지가 펼쳐지는데, 도무지 인간 세상이 아니었다.

멀리서 푸른 도포를 입은 사람이 푸른 나귀를 타고 일산을 받친 채 하인 몇 명을 거느리고 오는 것이 보였다.

그 사람은 속으로 '큰 벼슬아치인 모양인데, 이 산중에 벼슬아치 행차가 웬말인가.' 생각하고 내심 의아해하면서 몸을 숲속으로 감추려고 했다. 몸을 미처 피하기 전에 행차가 순식간에 눈앞에 이르더니 나귀를 탄 사람이 읍을 하며

"공께서는 나와 헤어진 뒤로 편히 잘 지내셨는지요?"

하고 말을 걸어 왔다. 그는 넋이 빠져 우물쭈물하고 있었다.

득도한 사람들

그러자 나귀를 탄 사람이

"제 거처가 이 곳에 있습니다. 기왕 이 곳에 오셨으니 하룻밤 머물렀다 가시지요."

하고 나귀를 돌려세우고는 앞장을 섰는데, 순식간에 자취가 사라지고 없었다.

그는 정신을 수습하고 멀리 가물거리는 기와집 쪽으로 걸어갔다. 거기에는 궁궐 같은 기와집이 연이어 있고, 구름 속으로 아득히 솟아오른 누각에는 금빛과 푸른빛이 찬란했다.

대문 밖에 의관을 차려 입은 사람이 기다리고 있다가 절을 하고 안내해 안으로 들어갔나.

안내인이 인도하는 데로 한 전각으로 올라가니, 의관을 거룩하게 갖춰 입은 미장부가 그를 맞았다. 미장부 옆에는 한결같이 절세가인들인 미녀 수십 명이 늘어서 있고, 수십 명의 사람들이 허리를 구부리고 읍을 한 채 서 있었다.

그는 두려운 마음이 들어 허리를 구부리고 미장부 앞으로 나아갔다.

"그대는 나를 모르시겠소? 내 얼굴을 자세히 보시오."

미장부가 웃음을 머금은 채 손을 내밀며 말했다.

그는 엎드려 얼굴을 들고 미장부를 쳐다보았다.

"아까 길에서 뵈었을 적에 뉘신지 알지 못했고, 지금 다시 봐도 뉘신지 알 수 없어 소인도 궁금할 뿐입니다."

119

"내가 바로 장 도령입니다. 그대는 어찌 나를 알아보지 못한단 말이오."

그가 머리를 들고 찬찬히 미장부를 바라보니, 과연 장 도령을 닮은 듯했다. 다만 지난날의 못생기고 지저분하던 모습이 아니었다.

장 도령은 명을 내려 잔치를 베풀고 그를 대접했다. 기기묘묘한 산해진미와 향그러운 술, 그리고 온갖 보배로 만든 술잔이며 그릇들, 풍악을 울리고 가무로써 흥취를 돋궈 주는 젊고 아리따운 여자들, 알맞게 얼굴의 솜털을 쓰다듬으며 불어 오는 바람, 바람에 실려 오는 꽃의 향기…. 그가 황홀경에 빠져 있을 때 장 도령이 말했다.

"우리 나라에는 4대 명산이 있습니다. 백두산, 한라산, 금강산, 지리산이 그것입니다. 각 산마다 선관이 있어 그 산을 맡아 보는데, 나는 지리산을 맡고 있습니다. 나는 지난날 작은 잘못을 저질러 잠시 속세에서 귀양살이를 했지요. 그 때 그대가 나를 잘 보살펴 주어 그 은혜를 잊지 않고 있습니다. 그대가 내 시신을 본 것은 내가 귀양살이가 풀려 다시 신선이 된 때였습니다."

밤이 깊어 잔치를 끝내고 어느 방으로 안내되어 갔는데, 창문과 주렴은 모두 산호와 수정 등 귀한 보배로 만들어 영롱하고 투명하여 마치 대낮처럼 환했으며, 뼛속은 시원하고 정신은 맑아 잠을 이룰 수가 없었다. 이튿날 아침, 장 도령이 이렇게 말했다.

"이 곳은 그대가 오래 머무를 수 있는 곳이 아닙니다. 지금 돌아가는 것이 좋겠습니다. 신선과 속인은 길이 달라 훗날 다시 만나기를 약속할 수 없습니다."
　장 도령은 사람을 시켜 그를 인도하게 했다.
　그는 안내인을 따라 오솔길을 빠져 나오면서 옷자락을 찢어 나뭇가지에 표시를 해 두었다. 큰 길에 이르러 안내인이 돌아가고, 그는 마치 한바탕 꿈을 꾼 듯한 기분에 빠졌다.
　이듬해 그는 다시 지리산을 찾아가 나뭇가지에 표시해 둔 오솔길을 찾았으나, 산봉우리만 겹겹이고 초목만 울울창창할 뿐 지난해의 오솔길은 찾을 수가 없었다.
　서울로 돌아온 그는 얼굴의 혈색이 좋아지고 머리도 다시 검어졌으며, 병 없이 건강하게 아흔 살 넘게 살다가 죽었다.

밥을 먹지 않고 산 책장수

　조씨(曺氏)는 책을 팔러 돌아다닌 지 오래라, 사람들이 '책장수 조씨'라고 불렀다. 그가 누구인지 어떤 사람인지 아는 사람은 아무도 없었다.

　조씨는 그저 해가 뜨면 관청으로, 글방으로, 고관대작의 집으로, 가난한 선비네 집으로 책을 팔러 다녔다. 어찌나 걸음이 빠른지 마치 날아다니는 듯했다. 조씨의 가슴과 소매 속에는 항상 책이 가득 들어 있었다. 그리고 해가 지면 집으로 돌아갔지만 사람들은 조씨가 어디서 사는지는 알지 못했다.

　조씨는 책을 팔아 남은 돈으로 술을 흠뻑 사 마셨는데, 밥을 사 먹는 것을 본 사람은 없었다. 그는 항상 똑같은 베옷 한 벌과 짚신 한 켤레로 다녔는데, 해가 바뀌어도 베옷과 짚신은 바뀌지 않았다.

　영조 때, 명나라 사람 주린이 지은 '명기집략(明紀輯略)'이라는 책에 태조와 인조를 모독한 구절이 있다 하여 온 나라를 뒤져 책을 찾아 내 불태우고 책을 판 사람을 잡아 죽이고, 명나라에다 이 책의 내용을 고쳐 달라고 요청한 사건이 벌어졌다.

이 사건으로 나라 안의 책장수들은 거의 모두 잡혀 죽었지만 조씨는 미리 먼 지방으로 달아났기 때문에 죽음을 면했다.

사건이 잠잠해지자 조씨는 다시 나타나 예전처럼 책을 팔러 뛰어다녔다. 사람들이 그 동안 어디로 피신해 있었느냐고 물으면

"내가 지금 여기 이렇게 있는데, 어디로 달아났단 말이오."
하고 웃을 뿐이었다.

또 사람들이 '당신은 왜 늙지도 않소. 도대체 나이가 얼마요.' 하고 물으면

"내 나이요? 글쎄요 까먹어서 모르겠소." 하거나 "서른다섯이오." 하고 대답했는데, 한 해 전이나 두 해 전이나 항상 '서른다섯'이라고 대답했다.

"당신은 왜 항상 나이가 서른다섯에서 줄지도 늘지도 않는 거요?"

"사람 나이는 서른다섯이 가장 좋을 때지요. 그래서 서른다섯으로 내 나이를 마치려고 더 늘리지 않는 것이오."

"그렇다면 당신 나이는 수백 살이란 말이오?"

"허허, 당신이 어떻게 수백 년 일을 안단 말이오."

조씨의 이 말에 사람들은 더 따질 수가 없었다. 그러나 술에 취하면 가끔 자기가 보고 들은 이야기를 하는데, 잘 들어 보면 1백 수십 년 전의 옛날 이야기를 하는 것이었다.

어떤 사람이

"당신은 그렇게 열심히 뛰어다니며 책을 파는데, 그 책을 팔아 무엇에 쓰는 거요?"

하고 물으면

"술을 사 먹으려고 그러지요."

하고 알 듯 모를 듯한 말을 했다.

"그렇다면 갖다 파는 책은 원래 다 당신 것이고, 또 그 책들의 내용도 다 알겠구려."

"나는 책을 가지고 있지 않아 책의 내용을 알지는 못하지만, 어떤 책은 누가 지었고, 누가 주석을 달았고, 몇 질 몇 책이 간행되었고, 누가 소장하고 있는지는 대강 알고 있지요. 그러니 천하의 책이 다 내 책이나 다름없고, 천하에서 나만큼 책에 대해 아는 사람도 없을 것이오. 천하에 책이 없다면 나는 달리지 않을 것이오, 천하 사람들이 책을 사지 않는다면 나는 날마다 술을 마시고 취할 수가 없겠지요."

조씨에게서 책을 사 공부했던 학생들이 과거에 급제해 나라의 동량이 되거나, 그들이 늙어 손자를 볼 때도 조씨의 나이는 항상 수십 년 전과 다름없는 서른다섯 살이었다. 밥을 먹지 않고 술만 마시고, 다른 일은 하지 않고 책만 팔면서 항상 젊은 사람으로 살아가는 이상한 사람 조씨야말로 정말 신기한 사람이다.

항문으로 물을 마신 김가기

경주 사람 김가기는 혼인한 날 밤에 단 한 번 합방하여 아들 하나를 얻고는 죽을 때까지 홀몸으로 살았다.

그는 금강산을 세 번씩이나 유람하고 왔는데 짚신 한 짝도 닳지 않았다.

정양사에 노승 한 사람이 있었다. 오곡을 먹지 않고 문 밖 출입을 끊은 지 10년이었다.

김가기가 절에 들어가 보니 노승은 눈을 감고 가부좌를 틀고 앉아 있었다. 김가기는 노승과 한 마디 말도 건네지 않고 노승을 마주 보고 꿇어앉았다.

어린 상좌승이 송화가루 탄 물을 노승에게 올리고 김가기에게도 올렸다. 그렇게 사흘을 내리 앉아 있으니 그제서야 노승이 김가기에게 사과를 했다.

김가기는 가끔 새벽에 일어나 개울가로 가서 엉덩이를 까고 물

속에 앉아 있었다. 그러면 항문으로 빨아들인 물이, 뱃속에서 소리가 나면서 입으로 나왔고, 조금 있다가 입으로 물을 마시면 물이 항문으로 쏟아져 나왔다. 몇 번을 되풀이해서 이렇게 하고는 그쳤다.

해일이 밀려올 것을 미리 안 사람

    토정 이지함이 장사를 다니다가, 동해에 이르러 어촌에서 하룻밤을 묵게 되었다. 이 날 공교롭게도 한 행인이 같은 집에서 묵게 되었다.
    그 행인의 모습은 마치 거사 같았는데, 집주인과 마주 보고 앉아서 잠을 자지 않았다. 그날 밤 하늘은 청명하고 바다 물결은 잔잔하여 바람 한 점 없었다. 거사가 바다 위 하늘을 한참 바라보다가 소스라쳐 놀라며 소리를 질렀다.
    "아하 이를 어쩌나, 이제 몇 시간 지나지 않아 해일이 일겠네. 그러면 이 마을이 만경창파 밑으로 들어갈 것이니, 서둘러 피신하지 않으면 모두 고기밥이 되고 말겠네."
    거사는 동네 사람들을 깨워 빨리 피신케 해야 한다고 서둘렀다.
    이지함은 이 말을 듣고 하늘을 쳐다보았으나 도무지 이해할 수가 없었다. 집주인도 거사의 말을 믿으려 하지 않았다.

"주인께서는 내 말을 허튼소리거니 생각하겠지만, 부디 뒷산 꼭대기로 피신해야 합니다. 혹 내 말이 틀려 다시 집으로 돌아온다고 한들 손해 볼 것 없지 않소. 그래도 내 말이 긴가민가 하거든 재산을 옮길 생각은 말고 식구들 몸만 산꼭대기로 올라가 물에 빠져 죽지 않도록 하시오."

거사는 빨리 서둘러야 한다고 집주인을 재촉했다. 이지함은 비록 이치를 납득하지는 못했지만 그의 말이 워낙 이상하여 따르지 않을 수 없었다. 주인과 함께 노인네와 어린아이의 손을 잡고 거사를 따라 뒷산으로 올라갔다.

이지함은 산중턱에 앉아 거사에게

"이쯤이면 물에 빠져 죽지는 않겠지요?"

하고 물으니, 거사는

"다른 사람이라면 안 되겠지만, 그대라면 잠깐 놀라기야 하겠지만 죽음은 피할 수 있을 거요."

했다.

닭이 울 때쯤 되자 갑자기 바다가 넘치더니 물결이 하늘까지 치솟아 밀려들었다. 바다는 이지함의 무릎 아래까지 밀려왔고, 바닷가의 마을들은 깡그리 바다에 잠겨 사라지고 말았다.

밀려오던 바다는 날이 훤히 밝아 올 때야 멈추었다.

이지함이 거사에게 절을 하고 제자가 되어 배우기를 바라니, 거사는 거절하며

"이번 일은 우연히 알았을 뿐이오. 다른 것은 아는 것이 없소."
하고는 끝내 자신을 드러내려 하지 않았다.
 산 속으로 사라지는 그의 뒤를 이지함이 따라갔으나 얼마 가지 않아 자취를 찾을 수 없었다.

홍수질 것을 예언한 늙은 거지

조수삼(1762~1849)은 잘생기고, 글 잘 짓고, 중국을 여섯 번이나 다녀온, 인간이 누릴 만한 것을 다 누린 사람이다.
   사람들은 조수삼이 가진 것이 열 가지인데, 우리는 그 중 한 가지만 얻어도 평생을 멋있게 지낼 수 있을 것이라고 부러워했다.
   조수삼이 가진 열 가지란, 첫째 잘생긴 외모, 둘째 빼어난 시문, 셋째 설득력 있는 문장, 넷째 의술, 다섯째 바둑, 여섯째 글씨, 일곱째 기억력, 여덟째 말솜씨, 아홉째 재산, 열째 장수이다.
   좌의정 이성원이 동지사가 되어 중국에 갈 때
   "나는 잠이 적으니 먼 여정의 기나긴 밤을 무슨 일로 보낼까. 만약 옛 시문을 외우고, 열 가지 이야기를 하며, 나와 바둑을 두어 싫증이 나도 그만두지 않을 그런 사람이 있어 나와 같이 갈 수 있다면 얼마나 좋겠는가."
   하는 말을 듣고 조수삼이 자기가 그런 사람이라고 나섰다. 이성원이 조수삼을 만나 이야기를 나누어 보고 크게 기뻐하며 개인적으로 데려가는 수행원 자격으로 중국에 데려갔다.

   조수삼의 선친이 젊은 시절에 볼 일이 있어 황해도 해주에 간 적이 있었다.
   저물녘에 벽란나루에 도달했는데, 밀물 때가 되어야 배를 띄울 수 있다고 해서 행인들은 모두 이튿날 닭이 울 무렵 강을 건너기로 하고, 나루에서 하룻밤을 묵기로 했다.
   그 곳에서 한 노인을 만났는데, 남루한 옷을 걸쳤고, 오한에 떨면서 쿨럭쿨럭 기침을 해대고, 헛간 귀퉁이에 쪼그리고 앉아 있었다. 주막 주인은 노인에게 상소리와 욕을 퍼부으며 밥값을 내놓으라고 닦달하고 있었다.
   조수삼의 선친이 노인을 딱하게 여겨 밥값을 물어 주고, 자기 솜옷 한 벌을 꺼내 노인에게 입혔다.
   노인은 고맙다는 말 한 마디 없이 앉아 있다가
   "이 곳에서는 밤을 넘길 수 없으니 그대는 왔던 길을 되돌아가시오. 모레쯤이면 강을 건널 수 있을 것이오."
하고 말했다.
   조수삼의 선친은 노인의 말에 따라 강을 건너려던 생각을 바꾸어 오던 길을 되짚어 돌아왔다. 채 10리도 걸어가지 않았을 때 천둥이 울리고 폭우가 쏟아졌다.

조수삼의 선친은 가까운 촌가로 들어가 비를 피했다. 비는 사흘 밤낮을 내리 쏟아붓듯 퍼부었다. 사흘째 되는 날 새벽에야 비가 멎었다.

벽란나루 쪽에서 오는 사람들이 전하는 말이 "벽란나루 30여 호가 물에 쓸려 떠내려갔고, 사람은 물론이고 소나 말, 돼지까지 깡그리 쓸려 가고 말았다."고 했다.

물만 먹고 산 머슴

 과천에서 머슴살이를 하는 수선이라는 사람이 있었다.
 1814년에 큰 흉년이 들어 쌀 한 가마값이 2천 냥까지 치솟았다.
 수선은 "이제 나처럼 송곳 하나 꽂을 땅뙈기가 없는 사람은 꼭 굶어 죽게 되었구나. 죽더라도 깨끗한 귀신이 되리라." 하고 관악산 동쪽 기슭에 있는 샘을 찾아가 두 손으로 샘물을 퍼 마시고, 배가 부르면 햇볕을 쬐고 가만히 누워 있다가 밤이 되면 주막의 빈 방에서 잠을 잤다. 간혹 사람들이 밥을 주어도 먹지 않았다.
 그리고 날이 새면 샘으로 가 샘물로 배를 채웠다. 이렇게 샘물만 마시고 살았는데도 배고픔과 피곤을 몰랐다.
 이듬해 풍년이 들자 사람들이 수선에게 머슴 일을 맡기려 했다.
 "예전에는 뱃구리를 채우려고 내 몸을 수고롭게 했지만, 이제 곡기로 배를 채우지 않아도 뱃구리가 달라붙지 않는 방법을 알았습니다. 이제는 뱃구리를 채우기 위해 내 몸뚱이를 수고롭게 하는 일은 하지 않을 것입니다."
하고 거절했다.

 물만 마시고 사는 수선은 물의 성질과 물의 맛을 깨닫게 되었다. 수선은 눈을 감고 물맛만 보고 우물물인지 강물인지 시냇물인지를 귀신같이 가려 냈다.

 수선의 소문을 들은 김 대감이 수선을 서울로 불렀다. 그는 서울의 유명한 샘물을 모두 길어 오게 하여 수선으로 하여금 품평을 하게 했다.

 수선은 삼청동 성천 물을 으뜸으로 치고, 훈련원의 통정과 무악재의 옥폭정 물을 함께 세 번째로 쳤다. 두 번째에 해당하는 물은 없다고 했다.

 "물의 가볍고 무거움으로 좋은 물인지 나쁜 물인지 알 수 있습니다."

 수선이 이렇게 말하자, 김 대감이 저울로 물을 달아 보았다. 과연 수선의 말대로 물의 무게가 서로 달랐다.

득도한 사람들

홑옷 한 벌로 평생을 산 문유채

상주 사람 문유채는 아버지 상을 당하고 3년간 시묘를 살았다.

3년 후 상복을 벗고 집으로 돌아오니 아내 황씨가 바람을 피우고 있었다. 그녀는 남편이 돌아오자 겁을 먹고 간부와 함께 달아나 숨어 버렸다.

황씨의 친정 사람들은 문유채가 황씨를 죽여 없앴다고 관가에 고소했고, 문유채는 7년 동안 옥살이를 했다.

조만정(1656~1739)이 상주 목사로 있을 때 문유채가 억울한 옥살이를 하고 있다는 것을 알고 숨어 살던 황씨를 찾아 내 붙잡아다 장살형에 처하고 문유채를 석방했다.

문유채는 그 길로 절에 들어가 먹는 것과 굶는 것을 초월하는 수행을 했다. 그는 10여 일 동안 아무 것도 먹지 않았고, 한번 먹었다 하면 쌀 한 말의 밥을 먹어 없앴다. 그리고 하루에 4백 리를 걸었고, 한겨울에 홑옷 한 벌만 입고도 추위를 타지 않았다.

문유채는 늘 나막신을 신고 삼천리 방방곡곡을 유람했다. 어느 해 겨울 해주 신광사에 들렀을 때 큰눈이 내렸는데, 문유채는 홑옷만 걸치고도 추워하는 기색이 없었다.

중들이 밥상을 차려 주니 사양하고 먹지 않았고, 잠자리에 들 때 중들이 아랫목으로 자리를 마련해 주어도 굳이 사양하고 냉골에 홀로 앉아 새벽녘까지 눈을 붙이지 않았다. 그 때 눈이 그치지 않아 사흘 동안 절에 머무르면서 먹지도 않고 자지도 않으니, 신광사 중들은 이상한 사람이라고 쑥덕거렸다.

문유채가 떠나는 날 아침, 밥을 청해서 쌀 한 말로 지은 밥을 두 손으로 뭉쳐 순식간에 깡그리 삼켜 버리고 길을 떠났다. 걸음이 잽싼 중을 시켜 문유채의 뒤를 밟게 했는데, 도무지 그의 발걸음을 따라잡을 수 없어 되돌아오고 말았다.

문유채는 궁벽한 산골의 산꼭대기에 있는 빈 암자로 들어가 그 겨울을 보냈는데, 눈에 길이 막히고 소식이 끊기니, 중들은 모두
 "문 처사는 분명 얼어 죽거나 굶어 죽었을 거야."
라고 말했다.

이듬해 봄이 돌아와 눈이 녹자마자 중들이 가 보았더니, 문유채는 홑적삼 자락을 칼바람에 펄럭이며 낙엽을 두껍게 깔고 조용히 앉아 있었다.

그의 낯빛은 부옇고 기름기가 돌아 굶주린 기색이 없었다.

한 중이 불경의 한 대목을 가지고 그와 토론하려고 했으나 문유

채는 '읽을 줄만 알지, 뜻은 모른다'고 하며 끝내 말하려고 하지 않았다. 그러니 그의 지식의 얕고 깊음을 헤아릴 길이 없었다.

  몇 년 후, 금강산에 있는 암자 마하연에서 문유채가 혼자 방 하나를 차지하고 중들에게 가까이 오지 못하게 했다. 한밤중에 난데없이 벽이 흔들리고 갈라지고 벼락치는 소리가 났는데, 방 안은 대낮처럼 환했다. 중들이 놀라서 가 보니 문유채의 눈은 이미 감겨 있었다.

선지피 술과 아기손 안주

 남양 출신 유생은 산을 찾아 유람하기를 좋아하는 선비였다. 집안이 넉넉해서 말을 타고 종을 거느리고 나라 안의 명승지를 두루 유람했다. 한여름이나 한겨울이라도 유람을 멈춘 적이 없었다.
 "같은 산이라도 봄 여름 가을 겨울의 경치가 다 다르다."
 유생은 참으로 자연의 아름다움을 깨달아 아는 사람이었다.
 한번은 큰눈이 내린 겨울에 금강산 금선대에 올라 하룻밤을 지내게 되었다.
 한밤중에 노인 두 사람과 소년 한 사람이 들어왔는데 모두 맨발이었다.
 유생은 이 사람들이 귀신이 아닌가 싶어 두려움에 떨었다.
 세 사람은 "날씨가 몹시 춥구나. 이럴 때는 술을 마시는 것이 좋지." 하면서 소매 속에서 술병 하나와 파초잎 하나를 꺼내 놓았다.
 파초잎에는 어린아이의 손이 여러 개 싸여 있었고, 병에는 선지피 같은 것이 들어 있었다.
 세 사람은 선지피 같은 술을 한 잔씩 따라 마시고는 어린아이 손을 한 개씩 안주 삼아 먹는 것이었다. 잔뜩 졸아 있는 유생에게 한 노인이 선지피 술 한 잔과 어린아이 손 안주 한 개를 먹으라고 권했다.
 "저는 본디 술과 고기를 입에 대지 않습니다."
 유생이 정색을 하고 사양하니, 세 사람은 웃으면서
 "선비가 먹지 않겠다니 우리가 먹어야지."
하면서 더 권하지 않고 자기들이 먹어 치웠다.
 세 사람은 남은 것을 다 먹고 문을 나섰는데 어디로 갔는지 알 길이 없었다.
 유생이 파초잎에 남아 있는 찌꺼기의 냄새를 맡아 보니 아름다운 향기가 콧속을 간지럽혔다. 혀끝으로 핥아 보니 달고 향긋한 것이 사르르 녹았다.
 유생은 그제서야 신선을 만나고도 그만 그들을 놓쳐 버리고 말았음을 알았다. 유생은 죽는 날까지 그 때 일을 말했고, 눈물을 흘리면서 복 없음을 한탄했다.

나는 새 없고 달리는 짐승 없다

법현은 위로 형이 셋 있었으나, 모두 젖니를 갈 나이도 되기 전에 죽었다. 아버지는 재앙이 법현에게 미칠 것이 두려워 세 살 때 머리를 깎아 절로 보냈다. 몇 년 후 집으로 돌아왔으나 중병이 들어 죽을 지경에 이르렀다. 다시 절로 돌아가 이틀 밤을 자고 나니 병이 씻은 듯이 나았다.

열 살 때 아버지가 세상을 떠나고, 얼마 후 어머니까지 세상을 떠났다.

어느 때 함께 공부하는 수십 명의 수도승이 논에서 벼를 베고 있는데, 때마침 굶주린 도둑이 곡식을 빼앗아 가려 했다. 다른 사미들은 다 달아나 버렸는데, 법현 혼자 도망가지 않고 도둑에게 말했다.

"당신은 전생에 보시를 하지 않아서 지금 이렇게 굶주리고 사는 것입니다. 그런데 또 남의 곡식을 빼앗아 간다면 내세에서는 더 참혹한 생활을 하게 될 것입니다. 우리 수도승들은 그대들을 위해 공부하고 수도하는 것입니다."

이렇게 말해 주고 발걸음을 돌렸다. 그러자 도둑은 가져가려던 곡식을 버리고 가 버렸다.

이 광경을 본 수도승들은 법현을 따르게 되었다.

법현은 서기 399년에 천축국으로 구도의 길을 떠났다. 끝이 보이지 않는 사막 지대를 지나가는데, 하늘에는 날아다니는 새 한 마리 볼 수 없고, 땅에는 달리는 짐승 한 마리 보이지 않았다.

동서남북이 모두 모래밭이라 어디가 서쪽인지, 어디로 발길을 옮겨야 할지 갈피를 잡을 수가 없었다. 해의 움직임을 보고 방향을 가늠하고, 여기저기 구르는 해골들을 보면서 길잡이로 삼을 뿐이었다.

쉬지 않고 불어닥치는 뜨거운 바람 속에서 악귀들이 나타나는데, 맞닥뜨리면 누구나 죽어 버리고 만다.

모든 어려움을 견디고 법현은 마침내 천축국 영취산에 도달했다.

법현은 산중에 홀로 머무르면서 향을 피우고 예배했다. 밤이 되니 세 마리의 검은 사자가 나타나 법현 앞에 웅크리고 앉아 혀로 제 입술을 핥으면서 꼬리를 흔들었다. 사자는 머리를 숙이고 꼬리를 내리더니 법현의 발 앞에 누웠다. 법현은 손으로 사자들을 쓰다듬었다.

법현은 천축국에서 수많은 불경을 가지고 돌아와 번역했다. 그

중에서도 '대반이원경(大槃泥洹經)'을 번역하여 널리 유포했다.
 어느 해 큰 불이 나서 집이 모두 타 버렸는데, 법현이 번역한 '대반이원경'만 그을은 데 한 곳 없이 온전했다.
 법현은 형주로 가 그 곳 절에서 입적했는데 향년 86세였다.

땀 흘리는 금불상

중국 송나라 송왕사에 키가 60자나 되는 금불상이 있었는데, 그 지역에 재앙이나 이변이 일어날 조짐이 보이면 금불상의 몸에서 땀이 흘렀다. 흐르는 땀의 양이 많냐.적냐에 따라 재앙의 정도를 짐작할 수 있을 정도였다.

북방의 오랑캐가 송나라를 침공하여, 1만 명의 병사를 동원하여 이 금불상을 끌어 가려 했으나 금불상은 제자리에서 꼼짝도 하지 않아 가져가지 못했다.

노나라가 제나라를 공격하여 많은 승려들을 포로로 잡아 가는 일이 있었다. 이 때 금불상이 땀을 흘리기 시작하여 불상을 모신 전각 안을 흥건히 적셨다.

송나라 왕이 불상 앞에 나아가 불상에서 흐르는 땀을 수건으로 닦았으나 닦은 자리에서 금세 땀이 흘러 왕의 힘으로도 불상의 땀을 멈추게 할 수가 없었다.

송나라 왕이 "노나라 왕에게 말하여 제나라에서 붙잡아 간 승려들을 풀어 달라고 부탁하겠습니다." 하고 기도한 뒤 다시 불상의 땀을 닦으니, 닦은 자리에서는 더 이상 땀이 흐르지 않았다.

송나라 왕은 노나라 왕에게 이러한 사실을 자세하게 알리고, 제나라에서 붙잡아 간 승려들을 제나라로 돌려보내 줄 것을 요구했고, 노나라 왕이 이 부탁을 받아들여 승려들을 돌려보냈다.

이보다 오래 전인 송나라 명황제 때 80자나 되는 금불상을 만들려고 네 번이나 시도했으나 완성을 보지 못하고 40자 크기로 줄여 만들었다. 법열 스님이 이 불상을 명황제의 뜻대로 80자로 키우기 위해 나섰다. 마침내 양나라 왕이 법열 스님을 돕기로 하면서 이 일이 본격적으로 이루어졌다.

기술자가 불상을 만드는 데 4만 근의 구리가 필요하다고 하여 4만 근을 다 녹였는데도 겨우 가슴께밖에 차지 않았다.

방방곡곡에서 보내 온 구리의 양이 헤아릴 수 없이 많았는데도, 그것을 녹여 주형에 부으면 그 많은 구리가 어디로 갔는지 가슴께의 높이에서 한 치도 더 높아지지 않았다.

왕은 황급히 또 구리 3천 근을 하사했다. 그 구리를 용광로에서 녹여 주형에 부으니 비로소 가득 차는 것이었다.

구리가 다 식은 후 주형을 열어 보니 불상의 크기가 10자나 늘어나 90자가 되었고, 어찌 된 까닭인지 동전 두 닢이 옷섶에 남아 녹지 않고 있었다.

법열 스님이 밤을 세워 기도를 드리는데, 갑자기 불상의 몸체가 밝게 빛났다.
　그 해 9월 불상을 광택사로 옮겼다. 때마침 가뭄이 심해 먼지가 심하게 날렸다. 아침 일찍부터 불상 옮길 준비를 하고 있는데 먼지가 날리지 않을 만큼만 살짝 비가 내려 땅을 적셔 주었다.
　이 불상은 중국에서 가장 크고 아름다운 불상이다.

소신 공양한 혜익 스님

중국 송나라 때 혜익 스님은 죽림사에 머물러 수행하며 소신 공양할 것을 맹세했다.

혜익 스님은 곡식을 먹지 않고 삼씨와 보리만을 먹었다. 그러다가 삼씨와 보리도 먹지 않고 환약을 목구멍으로 넘겼다. 신체의 기능은 쇠약해졌으나 의식은 아주 분명했다.

마침내 혜익 스님은 소신 공양을 행하기 위해 가마솥을 걸어 놓고 기름을 준비했다.

임금을 비롯해 나라의 대신들과 전국의 승려, 그리고 백성들이 보는 가운데 혜익 스님은 가마솥 안으로 들어가 긴 모자를 머리 위에 얹었다. 그리고는 기름을 머리에서부터 붓고 불을 당겼다. 모자가 타기 시작하니 초를 던지고 합장하여 불경을 외기 시작했다. 불이 눈썹까지 닿아도 불경 소리는 뚜렷하게 들렸으나, 불이 눈에 이르러서는 흐릿해졌다.

불은 이튿날 아침 무렵에 가서야 꺼졌다. 송나라 임금은 하늘에서 피리 소리가 들리고 불가사의한 향기가 감도는 것을 느꼈다.
　송나라 임금은 혜익 스님을 위해 법회를 열고, 소신 공양한 자리에 약왕사를 세우게 했다.

5

나라 말아먹은 여자들

주지육림 속의 말희
충신의 심장을 꺼낸 달기
웃지 않는 포사
5대에 걸친 난세를 불러 온 여희
남자들의 블랙홀 하희
찡그릴수록 아름다운 서시
3천 명의 남자 첩 거느린 측천무후
좋은 남자 주고받은 자매, 비연과 합덕

이것도 인생이다

주지육림 속의 말희

　말희는 중국 하나라 마지막 임금 걸왕의 총애를 받은 여자다.
　아름다운 얼굴과 자태로 걸왕을 사로잡았으나, 덕이 없고 잔인하고 상냥하지 못했다. 그녀는 항상 허리에 칼을 차고 머리에는 관을 쓰고 다녔다.
　걸왕은 맨손으로 철봉을 구부리고, 깊은 물 속에 뛰어들어 교룡과 싸워 이겼으며, 호랑이를 맨손으로 때려잡은 영웅이었으나 말희에게는 오금을 못 쓰는 무골충이었다.
　유시 씨가 화친을 위해 금은보화와 함께 말희라는 미녀를 선사했는데, 말희의 미색에 첫눈에 반해 버린 걸왕은 말희를 위해 궁전을 새로 짓고, 배를 띄울 만큼 커다란 연못을 파고, 연못 바닥에는 깨끗한 모래를 깔고, 술을 가득 부어 연못을 채웠다.
　연못을 파낸 흙으로 산을 만들고, 산에는 나무를 심어 푸른 숲을 만들고, 고깃덩어리를 쌓아 기암괴석을 만들고, 나뭇가지에도 고깃덩어리를 주렁주렁 열매처럼 매달았다.

걸왕은 말희를 무릎에 앉히고, 이 술연못 고기숲 — 주지육림(酒池肉林)에서 배우와 광대와 악사 들, 그리고 신기한 놀이를 잘하는 재주꾼들을 모아 놀이판을 벌이고, 요란스럽고 음란한 음악을 만들어 밤낮으로 술을 마셨는데 하루도 쉬는 날이 없었다.

벼슬아치들은 정사는 제쳐두고, 날이면 날마다 임금의 술자리에 동원되어, 임금이 손뼉치면 따라서 손뼉치고, 임금이 웃으면 따라서 깔깔깔 웃어야 했다. 이렇게 동원된 사람들의 수가 날마다 무려 3천 명을 넘었다.

어느 날 말희가 재미있는 아이디어를 꺼냈다.

"전하, 북이 한 번 울리면 모두 연못으로 뛰어가 소처럼 엎드려서 연못의 술을 마시게 하고, 또 북이 쾅 하고 울리면 이번에는 산으로 뛰어가 고기 열매를 따먹게 하는 놀이를 하면 어떻겠습니까?"

"그래 그래, 그거 재밌겠다."

걸왕은 술자리에 모인 모든 사람들의 머리에다 굴레를 씌우고는 술로 가득 채워진 연못에서 마치 소가 물을 마시듯 엎드려 술을 마시게 했다. 너무 취해 고꾸라져 죽는 자가 있으면 말희는 그것을 보고 깔깔거리며 좋아했다.

궁녀들이 술에 취해 비틀거리며 술연못으로 뛰어갔다 고기숲으로 뛰어갔다 하느라고 비단옷자락이 나뭇가지에 걸려 찢어지는 소리를 들으며 말희가 걸왕에게

"전하, 비단옷 찢어지는 소리가 참 아름답습니다."
하니, 걸왕은 백성들에게 매일 비단 1백 필을 바치게 해서 궁녀들에게 그것을 찢으라고 하고, 말희는 그 소리를 들으며 즐거워했다.
 이에 제후들이 견디다 못해 반기를 들자, 걸왕의 군대는 싸우지 않고 모두 도망쳤고, 말희는 걸왕의 여러 후궁들과 함께 배를 타고 바다로 흘러가다가 남소에서 죽었다.

충신의 심장을 꺼낸 달기

달기는 중국 은나라의 마지막 왕인 주왕의 총애를 받았다.

주왕은 재주도 뛰어나고 힘도 뛰어나 맹수도 맨손으로 쳐서 죽였다. 또 말솜씨가 뛰어나 옳지 않은 것을 옳은 것으로 꾸미는 데 비상한 재주를 가지고 있었다.

그리하여 신하들에게 자기를 과시하기 좋아하고, 뽐내기를 좋아했다. 그는 천하의 어떤 사람이라도 모두 자기만 못하다고 생각하고 있었다.

총애하는 달기가 칭찬하는 사람은 중용하고, 달기가 미워하는 사람은 죄를 뒤집어씌워 죽였다.

반기를 드는 사람은, 구리기둥에 기름을 발라 그것을 숯불에 달궈 놓고 그 위를 걷게 했다. 그러면 그 사람은 순식간에 타서 죽었다. 이 광경을 보고 달기는 좋아서 깔깔거리고 웃었다.

주왕의 이런 행동을 보다못해 비간이 제발 그러지 말라고 간언

하자, 달기가 "충신은 심장에 구멍이 일곱 개 있다는 말을 들었습니다." 하고 말하니, 주왕은 비간의 심장에도 구멍이 있는지 확인해 보자며, 비간을 죽여 심장을 발라 냈다.
　주나라의 무왕이 군대를 일으켜 주왕을 토벌하니, 은나라 군대는 주나라 군대와 싸우는 것이 아니라 창 끝을 돌려 주왕을 겨냥했다. 주왕은 마침내 자살하고, 주나라 무왕은 달기의 목을 베어 흰 깃발에 매달고는 "주왕을 망하게 한 사람은 바로 이 여자다."라고 했다.

웃지 않는 포사

중국 하나라가 쇠약해지니, 정원 연못에서 기르던 용 두 마리가
"우리는 포나라의 두 임금이다."
하는 괴상한 일이 벌어졌다.

하나라 조정에서는 이 용을 죽여 없앨 것인지, 아니면 다른 곳으로 쫓아 버릴 것인지 망설이다가 점을 쳐 보았다. 점괘에 용이 입에서 거품을 내놓거든 그 거품을 거두어 보관하면 길할 것이라고 했다. 점괘에 따라 비단필을 펼쳐 놓으니 용이 그 비단필에 거품을 흘려 놓고는 홀연히 자취를 감추었다.

그 비단필을 궤에 넣어 교외에다 보관해 두었는데, 하나라를 거쳐 은나라를 거쳐 주나라에 이르기까지 아무도 열어 보지 않았다. 마침내 주나라 여왕이 호기심을 이기지 못하고 궤를 열어 보았는데 그 안에 보관되어 오던 용의 거품이 흘러나와 궁궐의 바닥을 적시고 정원을 물들였다. 궁녀들을 시켜 아무리 닦아 내도 닦아지지 않을 뿐 아니라 비릿한 냄새가 진동해서 견딜 수가 없었다.
　그래서 여왕이 궁녀들의 옷을 벗겨 알몸으로 떠들게 하니 거품이 한 군데로 모여 검은색 도마뱀으로 변하는 것이었다. 궁녀들은 놀라 비명을 지르며 도망갔는데, 궁녀 중에 이를 빼느라 도망치지 못한 나이 어린 궁녀가 도마뱀에게 붙잡히고 말았다.
　어린 궁녀가 도마뱀을 만난 뒤 임신을 하여 선왕 때 딸을 낳았다. 그러나 애비 없이 저절로 태어난 아기인지라 무슨 변괴가 일어날까 두려워 궁궐 밖에다 내다 버렸다.
　당시 세상에는 '산뽕나무로 만든 활과 기나무로 만든 화살통이 주나라를 무너뜨리네.'라는 동요가 유행하고 있었다.
　선왕도 이런 동요를 들어서 알고 있었다.
　어떤 부부가 산뽕나무로 만든 활과 기나무로 만든 화살통을 팔러 다니고 있었는데 이것을 알게 된 선왕은 그 부부를 붙잡아 죽이려 했다.
　선왕을 피해 도망가던 활장수 부부는 한 모퉁이에서 버려진 아이가 울고 있는 것을 보고, 주워 안고 포나라로 도망가서 키웠다. 그 아이는 바로 어린 궁녀가 낳은 계집아이였다.
　그로부터 15년이 흐른 후, 포나라 제후가 주나라 유왕에게 조공을 바치면서 미색이 뛰어나게 아름다운 활장수 부부의 딸 포사를 함께 바쳤다.
　주나라 유왕은 포사에게 매혹되어 총애했다.

포사가 아들을 낳으니, 유왕은 왕후 신씨와 태자 의구를 폐하고 포사를 왕후로, 포사가 낳은 아들 백복을 태자로 삼았다.

그런데 포사는 웃는 일이 없었다. 유왕은 백방으로 포사를 웃게 하려 애썼으나 포사는 끝내 웃지 않았다.

한번은 유왕이 포사를 웃게 하려고, 봉화를 피우고 큰 북을 울려 거짓으로 위태로움을 천하에 알리니, 각국의 제후들이 모두 군대를 거느리고 도성으로 달려왔다. 장난인 줄 안 제후들은 실망했고, 실망하는 제후들의 모습을 보고 마침내 포사는 크게 웃었다.

이 일이 있은 후 유왕은 포사가 웃으며 좋아하는 것을 보려고 때때로 봉화를 올려 제후들이 군대를 이끌고 달려오게 했고, 그때마다 제후들은 실망하며 돌아갔다.

어느 해 신나라, 증나라, 서이, 건융 등이 연합하여 주나라를 공격했다. 다급해진 유왕은 급히 봉화를 올리고 큰 북을 두드려 제후국에게 위급함을 알렸다. 그러나 제후들은 또 속이는 것으로 알고 오지 않았다.

유왕은 포사를 데리고 동쪽으로 도망가다가 침략군에게 잡혀 죽임을 당하고, 포사는 건융족에게 사로잡혀 서쪽으로 끌려 갔다.

5대에 걸친 난세를 불러 온 여희

중국 춘추 전국 시대, 진(晉)나라의 헌공은 제나라의 제강을 왕후로 맞아들여 태자 신생을 낳았고, 융나라에서 두 여자를 얻어 중이와 이오를 낳았다. 그리고 여융국에서 여희를 얻어 해제와 탁자를 낳았다.

헌공은 왕후 제강이 죽자 총애하는 여희를 왕후로 삼았다.

여희는 왕후가 되자마자 태자 신생을 폐하고 자기가 낳은 해제를 태자로 삼기 위해 동생과 모의했다.

여희가 헌공에게 속삭였다.

"곡옥 땅은 전하의 선대왕의 사당을 모신 고을입니다. 그리고 포 땅과 이굴 땅은 이 나라 국경의 중요한 전략지입니다. 그런데 그런 중요한 고을을 비워 두고 있습니다. 태자를 곡옥으로 보내 다스리게 하고 중이를 포 땅에, 이오를 이굴 땅에 보내 다스리게 하십시오. 이렇게 하면 그 곳 백성들에게는 왕실의 위엄을 보여 주고, 외적에게는 진나라의 국방 의지를 보여 줄 것입니다."

헌공은 여희의 말대로 태자를 곡옥으로 보내고, 중이를 포에 보내고, 이오를 이굴로 보냈다.

태자와 왕자들을 자기 뜻대로 멀리 보낸 데 성공한 여희는 어느 날 밤 헌공이 찾아올 때에 맞춰 울고 있었다. 헌공이 왜 우느냐고 물었다.

"사람들이 말하기를 '태자 신생은 어진 것을 좋아하고 인정이 많아 백성들의 존경을 받고 있다'고 합니다. 그런데 태자는 '전하께서 여희에게 미혹되어 나라를 어지럽게 하고 있다'고 말한다 합니다. 백성들의 지지를 믿고 태자가 전하에게 배반이라도 한다면, 전하께서는 어찌 하시겠습니까. 전하께서는 그런 일을 당하기 전에 저를 죽여, 여자 때문에 나라가 어지러워지는 일이 일어나지 않게 해 주십시오."

"그게 무슨 말이오. 그대를 버리지 않고 부자간의 싸움도 일어나지 않게 할 방도는 없겠소?"

"왜 없겠습니까. 전하께서는 늙으신 것을 핑계삼아 정사를 태자에게 넘겨 주십시오. 태자도 정권을 잡아 나라를 다스려 가면, 전하에 대한 불만이 차차 없어질 것입니다."

"그래요? 내 두고 생각해 보리다."

이 일이 있고부터 헌공은 태자를 의심하기 시작했다.

헌공과 태자 사이에 불신의 벽을 세운 여희는 사신을 곡옥의 태

자에게 보내

"전하께서 꿈에 승하하신 제강 왕후를 보셨다 합니다. 태자께서는 서둘러 제강 왕후께 제사를 드리도록 하시오."
하고 전했다.

효성이 지극한 태자 신생은 곡옥에서 어머니 제사를 모시고, 제사 음식을 아버지에게 올리기 위해 도성으로 왔다.

마침 헌공은 사냥하러 가고 궁궐에 없었다. 여희는 제사 음식을 받아, 술에 독을 타고 포에다 독을 발랐다.

헌공이 사냥에서 돌아와 신생이 가져온 음복할 음식을 먹으려고 할 때 여희가 달려나와

"이 음식은 밖에서 들어온 것입니다. 혹시라도 알 수 없으니 시험해 보고 드십시오."
하고는, 옥술잔에 따라 놓은 술을 은술잔에 옮겨 부었다. 그랬더니 금세 은술잔이 새까맣게 변했다. 또 포 한 개를 개에게 던져 주니, 개가 포를 먹고는 펄펄 뛰다가 입에 거품을 물고 쓰러졌다.

여희는 가슴을 치면서, 하늘을 우러러 탄식하고, 울면서 푸념을 늘어놓았다.

"이 나라는 태자의 나라요. 태자는 어찌하여 부군을 시해하면서까지 임금이 되기를 바란단 말이오."

헌공도 얼굴빛이 하얗게 질려

"네가 할 말이 있거든 해 보아라."

태자를 가리키는 손가락이 부들부들 떨렸다.

태자는 억울했지만, 해명할 방법이 없었다. 태자는 스스로 목을 매 자살하고 말았다.

이 소문을 들은 중이는 위험이 자기에게 다가올 것을 알고 적땅으로 달아나고, 이오는 양나라로 달아났다.

여희는 이제 거칠 것이 없었다. 늙은 헌공을 꼬드겨 자기 소생인 해제를 태자로 세웠다.

얼마 지나지 않아 헌공이 세상을 뜨니, 해제가 뒤를 이었으나 이극이 난을 일으켜 해제를 죽였다. 해제의 아우 탁자가 해제의 뒤를 이었으나 그도 또한 살해되고, 여희도 살해되었다.

이오를 불러 왕위를 잇게 하니 그가 혜공이다. 혜공이 세상을 뜨고 그의 아들 어를 세워 뒤를 잇게 하니 그가 회공이고, 회공 또한 피살되고 중이가 뒤를 이으니 그가 문공이다.

문공에 이르러 비로소 나라가 안정을 찾았다. 난세가 5대에 걸쳐 이어지다가 비로소 안정을 찾은 것이다.

이것도 인생이다

남자들의 블랙홀 하희

　중국 춘추 전국 시대, 정나라의 목공은 아름다운 딸 하희(夏姬)를 두었다.
　그 무렵 진나라의 여희, 초나라의 위부인이 아름답다고 전 중국에 그 이름이 났는데, 하희는 이 두 미인의 미모와 절묘한 섹스 테크닉까지 갖춘, 그야말로 전무후무한 절색이었다.
　하희는 일생 동안 왕후 자리에 세 번씩이나 올랐고, 제후의 부인 자리를 일곱 번씩이나 차지했고, 과부가 되기를 아홉 번씩이나 반복하면서, 많은 남자들을 황홀한 파멸로 이끌었다. 어떤 왕후장상이라도 한번 하희를 보면 '뿅' 가지 않은 남자가 없었고, 한번 하희를 안으면 파멸하지 않은 남자가 없었다. 그리고 그녀와 살을 섞은 남자는 반드시 죽고 마는, 말 그대로 그녀는 남자들의 블랙홀이었다.
　하희는 열다섯 살 때 꿈 속에서 신선을 만나 정을 통하고, 그 신선에게서 남자의 정기를 빨아들여 자기의 기로 만드는 흡정도기술(吸精導氣術)을 배웠다.

하희는 이복 오빠인 공자 만과 첫사랑을 했는데, 1년도 안 돼 공자 만은 뼈만 앙상하게 남은 채 죽고 말았다.

공자 만의 정기를 빨아먹고 더욱 요염해진 하희는 진(陳)나라의 군사령관 하어숙과 결혼하여 아들 하징서를 낳았다. 아들을 낳은 후 하어숙은 마른 명태같이 바싹 말라 죽고 말았다.

남편의 상복을 입은 3년 동안 하희는 하녀와 동성애를 나누었다. 소녀의 정기를 빨아들인 하희는 소녀처럼 젊어지고 정기를 빼앗긴 하녀는 늙은이로 변해 갔다.

하희의 아들 하징서가 일곱 살 되던 해, 진나라 대부 공손녕이 하징서를 데리고 사냥을 하다가 날이 저물어 하희의 집에 들렀다. 공손녕의 주먹만한 코를 본 순간 하희는 공손녕을 유혹하여 그 날 밤 황홀한 섹스 파티를 열었다.

하희에게서 속옷을 선물로 받은 공손녕은 동료인 의행보에게 천하의 명기를 가진 여자와 만난 것을 자랑했다.

소문난 미녀요 과부인 하희와 정을 통했다는 공손녕의 말을 듣고 부러워진 의행보는 하희의 하녀와 정을 통하고 하녀의 안내로 하희를 만나고, 그도 하희에게서 속옷을 사랑의 선물로 받았다. 하희의 현란한 테크닉에 미칠 듯한 황홀경에 빠진 의행보는 날마다 하희를 찾아갔다.

163

공손녕은 의행보와 하희가 어울리는 것에 질투가 솟아올라, 진(陳)나라 왕 영공에게 하희를 소개했다.

영공은 처음에는 마흔 살이 다 된 하희를 늙은 여자로 여겨 귀담아듣지 않았으나, 공손녕의 체험적인 경험담에 구미가 당겨 하희를 만나기로 했다.

영공은 과연 열여덟 살 처녀의 모습을 한 하희의 숨막히는 색정에 정신을 차릴 수가 없었다. 하희는 열다섯 살 때 꿈 속에서 신선에게서 배운 비술의 테크닉을 최고로 살려, 영공을 숨넘어갈 듯한 황홀경으로 이끌어 갔다.

이렇게 3일 동안 성희를 벌이고 겨우 정신을 차린 영공에게 하희는 사랑의 맹세로 속옷을 선물했다.

하희에서 속옷을 선물받은 세 사람이 조정에 모여

"우리 세 사람은 구멍동서가 아닌가. 우리는 같은 정을 나눈 형제로서, 하희와 더불어 질펀하게 놀아 보세."

하고는, 곧 하희에게 몰려가 3남1녀가 그룹섹스를 벌였다.

이렇게 세 남자가 구멍동서로 환락을 즐기며 몇 년을 살았다.

어느 해, 세 사람이 하희의 집에 모여 술을 마시고 있는데, 그 때 아버지의 뒤를 이어 진나라의 군사령관이 된 하징서가 퇴근해서 들어왔다.

이 자리에서 영공은 공손녕과 의행보에게

"오늘 술 취한 내 눈으로 보니 하징서가 그대들을 닮은 것 같네."

하고 농담을 건넸다. 그러자 두 사람도
 "하징서가 전하를 닮은 것 같습니다."
하며 껄껄껄 웃었다.
 일찍부터 어머니의 음란한 생활을 곱지 않은 눈으로 보아 오던 하징서는 크게 모욕감을 느끼고, 주연을 파하고 돌아가는 길목에서 영공을 죽였다. 공손녕과 의행보는 초나라로 달아났고, 영공의 태자 오는 진(晉)나라로 도망갔다.
 초나라로 도망간 공손녕과 의행보는 초나라 장왕을 꼬드겨서 군사를 빌려 하징서를 죽이고 하희를 사로잡아 장왕에게 바쳤다.
 초나라 장왕은 하희를 보는 순간 마약을 먹은 것 같은 어지럼증을 느끼며
 "나는 수천 명의 미인을 후궁으로 두었지만 너처럼 빼어난 미색은 난생 처음이구나."
하고 후궁으로 삼으려 했다.
 그러자 신하 무신이 간하여 말렸다.
 "전하, 아니 되옵니다. 전하께서는 죄지은 자를 토벌하여 진나라를 쳤습니다. 그러하온데 하희를 차지한다면, 전하께서 진(陳)나라를 치신 것이 미색을 탐하여 한 일이라고 비난받을 것입니다. 그리고 하희는 상서롭지 못한 요녀입니다. 그녀와 관계를 가진 남자는 모두 피골이 상접해 죽었습니다. 전하께서도 이 점을 헤아리시어 하희를 받아들이지 마십시오."

이것도 인생이다

　장왕은 무신의 말이 옳다고 여겨, 늙은 신하인 양로에게 하희를 주었다. 양로는 하희를 품에 안은 지 반 년 만에 미라처럼 말라 죽었고, 하희는 양로가 죽자 양로의 아들 흑요를 유혹하여 정을 통했다.
　장왕에게 하희를 버릴 것을 간한 무신은 실은 방중술의 달인인 팽조 선사의 제자로서 방중술의 대가였다. 그는 하희가 방중술을 터득한 여자임을 알고, 하희를 차지하기 위해 장왕에게 하희를 버릴 것을 주장했던 것이다.
　무신은 하희를 정나라로 빼돌리고, 자신은 제나라에 사신으로 가게 된 기회를 이용해, 재산을 정리하여 정나라로 도망가 하희를 만났다.
　방중술의 달인인 무신도 하희의 상대가 되지 못했다. 몇 해 뒤 무신도 마른 장작처럼 말라 비틀어져 죽고 말았다.

찡그릴수록 아름다운 서시

중국의 월나라 임금 구천은 오나라를 치는 데 미인계를 쓰기 위해 미인을 보는 안목이 있는 신하들을 전국 방방곡곡에 보내 아름다운 처녀들을 골라 왔다.

이렇게 골라 온 미녀들 가운데서 또 고르고 고른 끝에 산 속에서 땔나무를 해다 파는 나무꾼의 딸 서시를 골라 내었다.

서시는 어려서부터 심장병을 앓아 병약했다. 심장병이 발작하면 가슴이 아파 한 손으로 가슴을 누르고 눈썹을 찡그리며 통증을 참아 냈는데, 그 모습이 더욱 그녀의 아름다움을 빛나게 해 주었다. 그런 그녀의 모습은 애처로운 마음을 불러일으켜 그녀를 더욱 사랑하게 하는 마력이 있었다.

이웃 마을에는 몹시 못생긴 처녀가 살고 있었는데, 서시가 눈썹을 찡그리면 더 아름다워 보인다는 말을 듣고 자기도 눈썹을 찡그리고 다녔다.

그런데 그 모습이 본래의 모습보다 더욱 그녀를 못나 보이게 만들었다. 그 모습은 정말 눈 뜨고 못 봐 줄 지경이어서 '동시효빈(東施效顰)'이라는 말까지 생겨나게 만들었다.

말하자면 아름다움이란 타고나는 것이지 못생긴 사람이 흉내낼 수 있는 것이 아니란 뜻이다.

뽑혀 온 서시에게 비단옷을 입히고, 예쁘게 단장시켜서, 귀족 집안의 처녀들과 함께 합숙을 시키며, 걸음 걷는 법, 화장하는 법, 수 놓는 법, 말하는 법, 차 끓이는 법, 웃는 법 등등 교양과 교태를 전문적으로 교육했다. 이렇게 3년 동안 가르치니 타고난 본바탕에 교육으로 갈고 닦은 아름다움은 정말 눈부실 지경으로 빛이 났다.

월나라에서 오나라에 조공을 보내면서 서시를 마차에 태워 보냈다. 온 나라에 서시의 아름다움이 소문이 나서 서시가 탄 마차가 지나가는 곳에는 사람들이 구름처럼 몰려들었다.

서시가 탄 가마의 문을 열고 서시의 얼굴을 한 번 보는 데 돈 한 푼을 내야 했다. 이렇게 해서 모아진 돈이 엄청났다. 소문은 꼬리에 꼬리를 물고 서시가 지나가는 길보다 항상 1백여 리는 앞서서 다다랐다.

마침내 서시가 오나라에 도착하자, 그녀의 모습을 본 오나라 왕 부차는 너무 황홀하여 거의 정신을 잃을 지경이었다. 부차는 서시을 위해 새로 궁전을 지었다. 구리로 기와를 얹고, 옥으로 난간을 세웠으며, 창문과 문틀은 모두 진주와 옥돌로 장식했다.

서시는 하얀 발에 나막신을 신고 뻥 뚫린 긴 복도를 거닐었는데, 또각또각 울리는 그 소리가 얼마나 듣기 좋았던지, 부차는 늘 그 소리를 음악을 듣듯이 들었다.

부차는 궁 안에 커다란 연못을 파고 배를 띄웠다. 부차는 서시와 함께 이 배를 타고 연못에서 세월을 보냈다. 술과 요염한 미녀들의 웃음소리, 그리고 아름다운 음악에 빠져 나라의 일 따위는 저 멀리 던져 버린 지 오래였다.

오나라의 부차가 이렇게 서시에 미쳐 정신을 잃고 있는 사이, 월나라의 구천은 군사를 잘 훈련하고, 군량미를 충분히 저축하여 질풍노도처럼 오나라로 쳐들어갔다. 월나라 군대에게 수도가 유린당하자 부차는 스스로 목숨을 끊어 자살했고, 오나라 군사들은 서시가 또다시 나라를 어지럽힐까 봐 강에 던져 죽였다.

서시야말로, 정략적으로 이용당하고, 그 목적이 이루어지자 버림을 받은 전형적인 토사구팽(兎死狗烹)의 비극적 주인공인지도 모른다.

3천 명의 남자 첩 거느린 측천무후

　중국 당나라 태종 때, 미모가 출중한 미랑은 열네 살 때 궁궐로 들어가 태종의 후궁이 되었다.
　미랑은 여러 해가 지나도록 출세의 끈을 잡지 못하고 있었는데, 태자 이치가 미랑을 보고 그녀의 미색에 빠져 불륜 관계를 맺었다.
　태종이 사망하자, 태자 이치는 왕위를 물려받아 고종이 되고, 미랑은 삭발하고 여승이 되었다.
　고종은 여승이 된 미랑을 궁궐로 불러들여 사랑했다. 미랑은 아들을 여럿 낳아 더욱 고종의 총애를 받았다.
　고종의 총애가 깊어지자 방자해진 미랑은 자기가 낳은 딸을 교살하고, 그 혐의를 황후에게 뒤집어씌웠다. 미랑의 간계에 넘어가, 황후가 미랑이 낳은 딸을 교살했다고 믿은 고종은 황후를 내쫓고 미랑을 황후로 삼았다. 이 여인이 바로 측천무후다.
　무후는 내쫓긴 황후와 고종이 총애하는 후궁 숙비의 손발을 잘

나라 말아먹은 여자들

라 술독에 넣고 '골수까지 물러지도록 삶아서' 잔혹하게 죽였다.
　나약한 고종은 무후의 치맛자락에서 놀아나는 허수아비로 전락해 갔다. 고종 재위 34년간은 무후가 임금이나 다름없었다. 고종은 꼭두각시에 지나지 않았다.
　병약한 고종이 무후의 샘솟는 정욕을 만족시켜 줄 리 없었다.
　낙양의 도사 곽행진이 귀신을 퇴치하기 위해 궁에 들어왔는데, 무후가 첫눈에 반할 만큼 미남이었다. 무후는 곽행진을 유혹해 밤마다 그를 침실로 불러들였다. 환관들이 보다못해 곽행진을 살해하자, 무후는 명도사를 궁중에 끌어들여 곽행진의 대리로 삼았다.
　그러자 이번에는 무후의 아들인 태자 현이 어머니와 산동하는 명도사를 죽였다. 화가 난 무후는 태자 현을 서인으로 폐하고 자결하도록 핍박했다. 이렇게 해서 무후는 자신이 낳은 딸과 아들을 자신의 손으로 죽인 어머니가 되었다.
　고종이 죽던 해 무후는 예순 살이었다.
　고종이 죽자 스스로 측천황후라고 칭하고, 연호까지 광택으로 고쳤다. 임금이 후궁과 궁녀 3천을 두었다면, 천하를 거머쥔 내가 3천 명의 남첩을 두지 못할 까닭이 있느냐고 생각한 무후는 나라 안팎에서 미소년들을 골라 와 공학감(控鶴監)을 설치하고, 동서고금에 전무후무한 남자 기생방을 만들었다. 여기에 속한 미소년 3천 명은 오로지 무후에게 봉사하기 위한 남자 후궁이었다.
　무후는 정력이 절륜한 풍소보라는 남첩을 총애했다. 풍소보는 일

171

흔 살 먹은 노파 무후를 밤마다 극락의 경지로 이끌어 주었다.

무후의 애정이 심의사에게 옮아가자 풍소보는 질투심을 이기지 못하고 대불전에 불을 질러 버렸다. 이 죄로 풍소보는 몰매를 맞고 죽었다.

그 뒤 무후는 장장종, 장역지 형제와 놀아났는데, 장씨 형제는 멋을 아는 남자들이었다. 두 형제는 늘 분화장에 연지를 바르고 꽃수를 놓은 화려한 옷을 입고 다녀 마치 아리따운 여인 같았다. 무후도 그들이 멋스럽게 치장하는 것을 좋아해 능라단사를 선물하곤 했다.

무후는 장씨 형제를 한시도 곁에서 떠나지 못하게 했다. 이렇게 장씨 형제와 8년을 살았는데, 늘 침실에서 함께 있었다.

무후는 여든두 살에 세상을 떴다.

좋은 남자 주고받은 자매, 비연과 합덕

중국 한나라 때, 강도의 여자 고소주는 남편이 뒤를 봐주는 악사와 정을 통하고 쌍둥이 딸을 낳았다. 이 쌍둥이 자매의 언니는 조비연이고 동생은 조합덕이다.

부모에게서 더운 피를 물려받은 쌍둥이 자매는 자랄수록 요염한 미모와 미묘한 감성으로 남자들의 눈을 사로잡았다.

비연의 날씬한 몸매와 화려한 용모에 매료된 임금 성제는 비연을 궁중으로 데려가 왕후 자리에 앉혔다.

비연은 방중술 책에서 배운 기술과 이미 연마한 테크닉으로 성제를 녹여 주었다. 두 눈을 꼬옥 감고 종주먹을 쥐고 이슬 같은 눈물을 흘리며 온몸을 전율로 바들바들 떨면서 성제를 노골노골하게 녹여 놓았다.

비연은 동생 합덕을 궁중으로 불러들여 성제에게 소개했다. 성제는 비연의 추천을 받아 합덕과 하룻밤을 보냈다. 합덕의 몸에서 불가사의한 향기가 풍겨 나오고, 비단결 같은 살갗의 부드러움, 그리고 한없이 아늑하게 따스한 체온이 남자의 영혼과 육신을 어루만져 주었다.

비연은 성제의 아들을 낳지 못해 안절부절못했다. 그녀는 정력이 세 보이는 남자나 아이를 많이 낳은 남자를 보면 누구든 상관하지 않고 침실로 끌어들였다. 어떻게든 임신해야겠다는 생각도 그녀를 초조하게 만들었지만, 성제 한 사람만으로는 솟아오르는 정염의 불꽃을 잠재울 수 없기 때문이었다.

비연이 남자들을 침실로 끌어들인다는 소문이 성제의 귀에 들어가자, 합덕이 언니를 두둔했다.

"언니는 성질이 급해서 많은 사람들의 미움을 샀습니다. 언니를 모함하는 말을 믿지 마십시오."

합덕의 말을 믿은 성제는 비연의 음행을 밀고한 사람을 무고죄로 다스려 죽였다. 그러자 아무도 비연의 행실을 성제에게 말해 주는 사람이 없었다.

연적봉이라는 남자는 건장한 육체와 막강한 정력으로 언제나 비연에게 즐거움을 주었다. 비연은 동생인 합덕에게 연적봉을 소개해 주고, 합덕은 연적봉과 죽을 둥 살 둥 쾌락을 즐겼다. 때로 두 자매는 연적봉과 함께 세 사람이 질펀한 섹스 파티를 벌이곤 했다.

비연과 합덕은 강장제를 많이 먹었다. 강장제를 먹고 더욱 뜨거워진 육체로 두 자매는 성제의 몸을 망가뜨려 갔다. 성제는 마침내 몸이 허약해지고 정력이 감퇴해지기 시작했다.

성제는 비연과 합덕이 주는 강장제를 한 알씩 얻어먹고 시들어 가는 정력을 되살려 밤을 즐기곤 했는데, 어느 날 술에 취한 합덕이 성제의 별볼일없는 정력에 감질이 나서 강장제를 일곱 알이나 먹였다. 성제는 갑자기 솟아오른 정력을 감당하지 못해 합덕을 끌어안고 온밤을 즐기다가 정력이 완전히 바닥나 복상사하고 말았다.

합덕 또한 "전하, 저를 두고 가시다니요." 하면서 피를 토하고 죽었고, 홀로 남은 비연은 목을 매 자결했다.

⑥ 성의 노예가 된 사람들

미인 선발 대회 연 수양제
유부녀만 좋아한 해릉왕
아무리 내 것이 작다 해도
절반만 일어나 있습니다
점잖은 도학자의 첫날밤
여자가 좋아하는 남자의 다섯 가지 조건
미인의 12가지 조건
여성의 명기, 좋은 것 5가지와 나쁜 것 5가지
남성의 명기, 좋은 것 5가지와 나쁜 것 5가지
좋은 여자의 조건
몸으로 시아버지 봉양한 며느리들

이것도 인생이다

미인 선발 대회 연 수양제

중국 수나라의 양제는 서른한 살 때 아버지 수문제와 형을 죽이고 황제 자리를 찬탈했다.

수나라의 수도는 장안인데, 양제는 낙양을 동도로 삼고, 낙양 남쪽에 있는 강도까지 운하를 개척했다. 이 남북 대운하는 중국의 남북을 잇는 대동맥으로 만리장성과 함께 중국 역사상 2대 불가사의 토목 공사로 유명하다.

양제는 매년 겨울이면 추운 낙양에서 따뜻한 강도로 내려와서 지냈는데, 행차를 할 때는 호화로운 배를 만들어 타고 이 운하를 이용했다. 이 배의 이름은 용주로, 길이 6백 미터, 높이 14미터, 1백60개의 객실을 갖추었으며, 객실은 모두 금과 옥으로 장식한 호화 여객선이었다. 양제는 이런 배를 10척이나 만들어 사용했다.

배는 사람들이 양쪽 강안에서 오색 비단을 꼬아 만든 밧줄을 끌어서 이동했다. 어느 아첨꾼 신하가

성의 노예가 된 사람들

"오색 비단 밧줄은 아름다우나, 그것을 끄는 사람들은 아름답지 않으니, 모두 열대여섯 살 난 미소녀를 모아 끌게 하는 것이 풍류스럽겠습니다."
하고 건의하자, 양제는 그것 참 좋은 생각이라고 무릎을 치고, 신하에게 술을 하사했다.

그리고는 중국 각지에서 미소녀 1백 명을 모집하여 궁녀복을 입혀, 바람이 없을 때는 배를 끌게 하고, 바람이 불 때는 돛을 달아, 그녀들은 모두 배에서 양제의 시중을 들게 했다.

양제는 아버지의 애첩이던 진부인을 후궁으로 삼았는데, 진부인은 부끄러움을 못 이겨 자살하고 말았다. 양제가 크게 낙심하고 슬퍼하자 황후가 위로했다.

"슬퍼한다고 죽은 사람이 살아나겠습니까."
"나도 알고 있소만, 슬픈 마음을 달랠 길이 없구려."
"이렇게 하시지요. 이 궁 안에는 4천 명이 넘는 궁녀가 있습니다. 전하께서 그 중 마음에 드는 여자를 후궁으로 선발하시면 어떻겠습니까."

양제는 즉시 궁녀 4천 명을 집합시켰다. 궁녀들은 온갖 요란한 화장과 요염한 몸짓으로 최고 권력자인 양제의 눈에 들려고 애썼다.

양제는 황후와 나란히 앉아 술을 마시면서 궁녀들을 한 사람씩 앞에 불러 심사했다.

그러나 미인 선발 대회는 수양제의 마음에 드는 미인을 골라 내

이것도 인생이다

지 못한 채 막을 내렸다.
 양제는 전국의 열다섯에서 스무 살까지의 처녀 중 미녀를 골라 궁녀로 보내도록 명령을 내렸다.
 양제의 명을 받은 환관들이 전국을 샅샅이 뒤져 수많은 미녀들을 골라 왔다.
 양제는 낙양에서 강도까지 30리에 한 채씩의 이궁을 짓고, 선발해 온 궁녀들을 살게 했다. 그리고 이동할 때마다 배 안에서, 이궁에서, 그는 미녀들의 극진한 서비스를 받았다.
 낙양에다 미루라는 섹스 전용 궁전을 지었는데, 이 미루는 36칸의 비밀방, 72개의 호화로운 건물을 오불꼬불한 복도로 연결하여 엄청나게 큰 미로로 구성했다.
 이 미루에는 사람이 다가오면 저절로 여닫히는 오늘날의 자동문, 높이 5미터 너비 3미터 짜리 거울 수십 장을 사방 벽과 천장에 붙여 놓고 거울을 보면서 운우지정을 나누는 오늘날의 러브호텔식 방, 알몸의 여자가 몸을 움직이면 사방에서 끈이 나와 여자의 손발을 묶어 버리는 오늘날의 카 섹스 전용 수레 등 기기묘묘한 시스템을 갖추고 있었다.
 호색과 사치로 나라를 기진맥진하게 만든 양제는 부하들이 쿠데타를 일으키자, '천자는 천자로서 죽는 법이 있다.'고 말하고 하얀 비단으로 목을 매 자살했다.

유부녀만 좋아한 해릉왕

중국 금나라의 해릉왕은 종형인 희종을 죽이고 임금 자리를 빼앗았다.

그는 임금 자리에 오른 후 세 가지 칙령을 발표했다.

1. 나라의 일은 내가 직접 관장한다.
2. 송나라를 토벌해 천하를 통일한다.
3. 절세 미녀를 아내로 삼는다.

해릉왕에게는 천하 통일의 야망만큼 절세 미녀를 품에 안는 것이 꿈이었다.

그는 왕위를 빼앗은 다음 날부터 평소에 눈독을 들여 오던 희종의 비빈과 후궁 들을 품에 안고 즐겼다. 그러나 그는 변덕스러워서 새 사람만을 좋아했다.

해릉왕은 유난히 유부녀를 좋아했다. 좀 반반한 유부녀를 보면 닥치는 대로 궁중으로 납치해 간음하고 유폐시켰다. 만약 조금이라도 저항하거나 눈에 거슬리면 서슴지 않고 죽여 없앴다.

해릉왕이 범한 유부녀 수가 수백 명에 이르렀고, 남자들의 얼굴을 보면서도 그의 아내는 어떻게 생겼을까 궁금해하며, 마치 술안주처럼 하나하나 맛보기를 즐겼다.

신하의 아내를 당장 궁중으로 불러들이라고 명하고, 신하의 아내가 궁중으로 들어오면 궁중 복도에서 기다리고 있다가 버럭 고함을 지르면서 뛰어나와 옷을 다짜고짜 벗기고 그 자리에서 올라타 음욕을 채웠다. 만약 조금이라도 반항하거나 비위에 거슬리게 행동하면 그 자리에서 죽여 버렸다.

절도사 오대의 아내는 기품 있는 미녀였다. 그녀에게 눈독을 들인 해릉왕은 어느 날 시녀를 통해

"오대를 죽이고 나에게 오면 왕후를 삼겠다."

하고 전갈을 보냈다. 오대의 부인은 거절했지만, 일족을 전멸시키겠다는 협박을 견딜 수가 없었다. 오대 부인은 남편에게 술을 먹여 취하게 한 뒤 목을 졸라 죽이고 해릉왕에게 갔다.

오대 부인은 왕후가 되었으나, 해릉왕은 얼마 가지 않아 싫증을 느끼고 또 다른 여자와 놀아나느라 여념이 없었다. 오대 부인은 끓어오르는 울화를 견디지 못하고 다른 남자와 내통하다가 발각되어 처형을 당하고 말았다.

해릉왕의 본부인 원비의 동생도 소문난 미녀였다. 그녀가 언니를 보러 왔다가 해릉왕의 눈에 띄었다. 그녀는 해릉왕이 보내는 추

파를 경계해 밤에 옷을 입은 채로 잤다. 해릉왕이 새벽에 처제가 자는 방으로 들어가 억지로 끌어안았다. 그녀는 결사적으로 반항했지만, 궁녀들이 달려들어 손발을 붙잡는 바람에 꼼짝달싹할 수 없었다.

해릉왕이 처제의 배에 올라타자, 그녀는 두 눈을 멍하니 뜨고 마치 인형 같은 무표정한 얼굴을 했다. 해릉왕은 모든 수단과 기교로써 그녀를 달아오르게 하려고 애를 썼지만 속수무책이었다. 흥미가 없어진 해릉왕은 벌거벗겨 놓은 처제의 몸뚱이를 그대로 놔둔 채 돌아갔다.

금나라 안에 손댈 만한 여자가 없자, 해릉왕은 송나라에 유귀비라는 아름다운 여자가 있다는 말을 듣고, 그녀를 빼앗기 위해 백만 대군을 일으켰다.

해릉왕은 양자강을 건너 송나라와 일전을 겨뤘으나 크게 패하고, 결국은 부하들에게 살해되고 말았다.

아무리 내 것이 작다 해도

장인(張仁)이라는 남자가 장가를 들었는데, 신혼 시절에 먼 지방으로 출장을 가게 되었다.

장인은 한참 남자 맛을 알게 된 아내가 외간 남자와 놀아날 것이 걱정되어, 종이로 정조대를 만들었다.

질긴 종이에 '장인이 봉한다'는 뜻으로
張
仁
封

석 자를 세로로 써서 아내의 거기에 붙여 놓았다.

아니나 다를까, 아내는 남편이 떠나자마자 사내를 불러들여 방구들이 꺼지도록 밤놀이를 즐겼다. 그 바람에 정조대가 세로로 쭉 찢어져 반이 없어지고 말았다.

출장에서 돌아온 장인이 허겁지겁 아내의 옷을 벗기고 검사해

보니 절반이 찢겨 나가 없어져서
  張
  仁
  封
이라고 써 놓은 글자가
  長
  二
  寸
이 되어 있었다.
  장인은 아내에게
  "이 사람아, 내것이 아무리 삭다 해도 길이(長)가 두 치(二寸)밖에 안 된다고?"
하고 투덜거렸다.

절반만 일어나 있습니다

어느 대갓집에서 아들을 장가들여 며느리를 보았다.

해가 중천에 떠오르도록 자리에서 아들 내외가 일어나지를 않았다.

시어머니가 이상하게 여기고 하녀를 시켜 내막을 알아 오게 했다.

하녀가 돌아와

"서방님도 새아씨도 절반만 일어났습니다."

하고 아뢰었다.

"절반만 일어나다니, 그게 무슨 말이냐?"

"서방님은 윗몸만 일어나서 움직이고, 새아씨는 두 다리만 쳐들고 움직이고 있습니다."

점잖은 도학자의 첫날밤

　점잖은 도학자에게 시집간 딸이 첫날밤을 치렀다. 궁금해서 견딜 수 없는 친정 어머니가 딸에게 첫날밤을 실수 없이 잘 치렀느냐고 물었다.
　"네, 어머니."
　"그래 네 신랑이 어떻게 하든."
　"내 옷을 벗기더니 '내가 색을 좋아해서 이러는 게 아니오, 조상님을 위해서 대를 잇기 위해 이러는 것이오.' 하고는 한 번 찌르데요."
　"그러고는…."
　"그리고 나서는 또 '내가 색을 좋아해서 이러는 게 아니오, 나라를 위해서 백성의 수를 늘리려고 이러는 거요.' 하고는 또 한 번 찌르데요."
　"네 번째 찌를 때는 뭐라고 하더냐?"

"아무 말도 없었어요."
"그러면 그렇지, 아무리 도학자라고 하더라도 한 번 찌를 때마다 그런 소리를 해서야…."
어머니가 혼잣말로 중얼거리자 딸이 이렇게 말했다.
"그게 아니구요, 세 번만 찌르고 말았거든요."

여자가 좋아하는 남자의 다섯 가지 조건

첫째, 반(潘)

잘생긴 선비로서 세상에 이름을 날린 진(晉)나라의 반악(潘岳)과 같이 멋있게 잘생긴 남자.

반악이 수레를 타고 외출하면 그를 사모하는 여자들이 그에게 과일을 던져 주어 수레에 과일이 꽉 찼다고 한다. 지금도 중국에서는 미남자를 반랑지모(潘郞之貌)라고 일컫는다.

둘째, 여(驢)

노새나 말의 성기처럼 큰 물건을 가지고 있어야 한다.

셋째, 등(鄧)

한나라 때의 거부 등통을 가리킨다. 등통은 전한 시대 동전 제조권을 가지고 있어서 막대한 재산을 모은 거부였다. 돈이 있어야 여자가 따른다는 말.

넷째, 소(小)
여자를 안고 다룰 때 세심하고 섬세하며, 인내심을 가지고 다룰 줄 아는 남자여야 한다는 뜻.

다섯째, 한(閑)
시간적 여유를 가지고 인생을 즐길 줄 아는 남자여야 한다는 뜻.

미인의 12가지 조건

1. 약골풍기(弱骨豊肌) : 뼈대는 연약하고 살집은 풍만할 것
2. 좁고 연약한 어깨
3. 희고 부드러우며 윤택이 있는 살갗
4. 새싹같이 부드러운 손과 가느다란 손가락
5. 가느다란 목
6. 도톰한 귓밥
7. 칠흑같이 새까만 머리채
8. 검은 눈썹과 맑은 눈
9. 웃는 얼굴
10. 오똑한 콧날
11. 붉은 입술 사이로 살짝 보이는 희고 가지런한 이
12. 우아하고 아리따운 몸매

여성의 명기, 좋은 것 5가지와 나쁜 것 5가지

좋은 것 5가지

1. 긴(緊) : 옥문 속이 좁고, 긴장해 있는 상태
2. 난(暖) : 옥문 속이 따뜻한 것
3. 향(香) : 옥문에서 향기로운 냄새가 나는 것
4. 건(乾) : 옥문이 평상시에는 건조하고 청결한 것
5. 천(淺) : 옥문 속의 길이가 짧아 곧장 자궁에 도달하는 것

나쁜 것 5가지

1. 관(寬) : 옥문 속이 넓어서 헐렁한 상태
2. 한(寒) : 옥문 속이 찬 것
3. 취(臭) : 옥문에서 나쁜 냄새가 나는 것
4. 습(濕) : 평상시에 냉이 흘러 축축하고 불결한 것
5. 심(深) : 옥문 속이 깊어서 끝이 닿지 않는 것

남성의 명기, 좋은 것 5가지와 나쁜 것 5가지

좋은 것 5가지

1. 대(大) : 큰 것
2. 경(硬) : 단단한 것
3. 견(堅) : 굿굿한 것
4. 혼(渾) : 늠름한 것
5. 구(久) : 지속력이 있는 것

나쁜 것 5가지

1. 단(短) : 짧은 것
2. 소(小) : 작아서 볼품없는 것
3. 연(軟) : 물렁물렁한 것
4. 첨(尖) : 가는 것
5. 만(彎) : 구부러진 것

좋은 여자의 조건

이불 밖에서 좋은 여자

물에 젖은 듯 윤기가 흐르는 새까만 머리카락, 초승달 같은 눈썹, 살구씨처럼 동그랗고 아름다운 눈, 앵두같이 빨갛고 도톰한 입술, 옥으로 깎은 것처럼 오똑한 코, 분홍빛으로 물든 뺨, 은쟁반 같은 얼굴, 나긋나긋 버들가지 같은 허리, 파같이 가늘고 긴 섬섬옥수, 야들야들한 배, 가늘고 뾰족한 발, 풍만한 가슴, 하얀 피부.

이불 속에서 좋은 여자

윤기 있는 목소리, 젖은 듯한 머리카락, 비단결처럼 보드라운 살결, 크지도 작지도 않은 키, 마르지도 살지지도 않은 몸매, 길고 약간 살진 아랫도리, 위로 치켜 붙은 옥문, 털이 없고 매끄러운 음부, 흥건한 애액, 애를 낳아 본 적이 없는 20대 후반의 나이, 사랑할 때 온몸이 요동치며, 온몸에서 땀이 비오듯 하고, 도저히 참을 수 없어서 터뜨리는 신음 소리.

이불 밖에서나 안에서나 다 나쁜 여자
1. 치골이 발달한 여자
2. 몸에서 냄새가 나는 여자
3. 월경이 없는 여자
4. 피부가 거친 여자
5. 목소리가 남자 같은 여자
6. 머리카락이 부스러질 것 같은 여자

몸으로 시아버지 봉양한 며느리들

난옹은 일찍 할망구를 여의고 두 아들을 성가시켜 내보내고 혼자서 살고 있었다.

어느 날, 큰아들이 먼 지방으로 장사를 나가고, 큰며느리 혼자서 집을 지키며 머리를 빗고 있었다.

난옹이 큰아들네 집에 들렀다가, 머리를 빗고 있는 큰며느리의 뒷모습을 보고 음심이 발동하여, 살그머니 다가가 며느리를 뒤에서 껴안고 젖가슴을 감싸 안았다.

여러 날 남편 없이 지내오던 터라, 큰며느리는 좋아라 시아버지를 받아들였다. 그러면서 조금은 부끄러웠던지 이렇게 변명했다.

"뒤에서 껴안으신지라…."

"왜, 떼밀어 물리치지 않고…."

"큰맘먹고 찾아오신 아버님의 물건이 빠질까 봐서…."

이렇게 수작까지 하며 한참 재미를 보고 있는데, 작은며느리가 형님네 집에 놀러 왔다가 이 꼴을 보고 구경하고 있었다.

"둘째아가야, 너도 구경만 하지 말고 이리 와서 같이 즐기자꾸나."

난옹의 말에, 큰며느리도 동서를 유혹했다.

"동서, 어서 와서 아버님 좀 기쁘게 해 드려. 늙으신 아버님을 우리가 마땅히 몸으로 봉양하는 것이 효도 아니겠어?"

큰며느리는 효도하자고 역설하며 동서를 끌어들였다. 동서가 이 '효도 잔치'에 참가해야 뒷말이 나지 않겠기에, 더더욱 설득하지 않을 수 없었다.

작은며느리도 얼른 옷을 벗고 시아버지와 어울렸다.

"아버님께 효도하는 일에 제가 빠지면 안 되지요."

7

인생을 깨달은 사람들

무엇을 어떻게 도둑질한 것인가
아침에 석 되, 저녁에 넉 되
인생은 낮과 밤이 반반이다
사슴과 꿈
산을 옮긴 90세 노인
황하를 다 마신 과보
위험 속에서 살아난 공자
공자를 희롱한 두 아이
공자보다 아는 것이 많은 아이
인자한 도둑이 어디 있겠는가
하늘에서 떨어진 쥐가 입으로 들어가니
도둑이 준 밥
그 개는 왜 짖었을까
고기의 뱃속에 칼을 감추다
과잉 충성으로 자신을 망친 사람

이것도 인생이다

무엇을 어떻게 도둑질할 것인가

중국 춘추 전국 시대, 제나라에 사는 국씨는 큰 부자이고, 송나라에 사는 향씨는 가난뱅이였다.

송나라 향씨가 제나라 국씨에게 가서 부자 되는 방법을 가르쳐 달라고 했다.

"나는 도둑질을 잘합니다. 처음 내가 도둑질을 시작해서 1년을 하고 나니 먹고 살 만하게 되었고, 2년을 하고 나니 살림살이가 넉넉해졌고, 3년을 하고 나니 풍성해졌습니다. 그렇게 풍성해진 다음에는 그것을 베푸는 데 썼습니다."

국씨에게서 부자 되는 법을 배운 향씨는 매우 기뻐하며 송나라로 돌아갔다.

향씨는 남의 집 담을 넘어가 눈과 손이 미치는 대로 도둑질을 했다. 얼마 동안 그렇게 해서 재산이 좀 모아졌지만, 도둑놈으로 붙잡혀 새로 모은 재산은 물론이요, 조상에게서 물려받은 얼마 되지 않은 재산까지 모두 압수당하고 말았다.
 향씨는 국씨가 자기를 속였다고 생각하고 제나라로 국씨를 찾아가 "왜 거짓말을 해서 나를 더 가난하게 만들었는가?" 하고 따졌다.
 향씨의 원망에 국씨가 "어떤 방법으로 도둑질을 했느냐?"고 물었다.
 향씨는 남의 집 담을 넘어가야 도둑질을 할 수 있는 것 아니냐고 했다.
 "당신은 도둑질하는 방법을 몰랐구려. 하늘에는 시운이 있고, 땅에는 산물이 있습니다. 나는 하늘의 시운과 땅의 산물을 도둑질했습니다.
 구름과 비가 넓은 땅을 기름지게 하고, 산과 강물이 산물을 길러 냅니다. 나는 벼를 심어 가꾸어서 나의 곡식을 불리면서, 나의 담을 쌓고 나의 집을 짓습니다. 뭍에서는 짐승과 새를 도둑질하고, 물에서는 고기와 자라를 도둑질하니 도둑질 아닌 것이 없지요.
 벼와 곡식, 나무와 열매, 물고기와 자라, 짐승과 새는 모두 하늘이 내는 것으로 어찌 나의 소유이겠소. 이렇게 내가 하늘의 것을 도둑질하는데도 나에게 벌을 주거나 재앙을 내리지 않았소. 금과 옥, 진기한 보물, 쌀과 비단 같은 것은 사람이 모으는 것으로 어찌 하늘이 주는 것이겠소. 당신이 임자 있는 그것들을 도둑질하여 죄를 얻었는데, 그로써 벌을 받는다 한들 누구를 원망할 수 있겠소."

201

이것도 인생이다

아침에 석 되, 저녁에 넉 되

중국 송나라에 원숭이를 사랑해서 많이 기르는 저공이라는 사람이 있었다. 저공은 원숭이들의 생각과 행동을 이해하고 받들어 줄 줄 아는 사람이었다. 원숭이들도 저공을 따르고 저공에게 복종했다.

저공의 가산이 기울어 원숭이에게 전처럼 풍족한 먹이를 줄 수 없게 되자, 저공은 먹이를 줄이기 위해 원숭이들과 상의했다.

"너희들에게 상수리를 주는데, 아침에 석 되 저녁에 넉 되를 주겠다."

그랬더니 원숭이들이 모두 들고 일어나 화를 내는 것이었다.

저공은 수정안을 제시했다.

"그렇다면, 아침에 넉 되, 저녁에 석 되를 주겠다. 그러면 이의가 없겠느냐."

원숭이들은 기뻐하며 모두 엎드려 저공의 말에 따르겠다고 순종했다.

인생은 낮과 밤이 반반이다

중국 주나라에 큰 재산을 가진 윤씨가 살고 있었다.

윤씨네 집에서 일하는 사람들은 아침 일찍부터 밤 늦게까지 일을 해야 했으므로 몹시 고되게 살았다.

일하는 사람 가운데 늙은 일꾼이 있었는데, 나이가 많아 일이 힘에 부쳤다. 낮에는 신음 소리를 내면서 일을 했고 밤이면 지쳐서 곯아떨어져 깊은 잠에 빠졌다. 정신이 흐트러져 매일 밤 꿈을 꾸는데, 꿈에서는 한 나라의 임금이 되어 만조백관을 거느리고 정사를 돌보고, 궁궐에서 잔치를 베풀고, 마음먹은 대로 궁녀와 환관을 부리는데 그 즐거움이 비길 데가 없었다.

그러다가 잠에서 깨면 다시 윤씨 집 일꾼이 되어 고된 일을 하는 것이었다.

젊은 일꾼이 위로의 말을 하자, 늙은 일꾼이 이렇게 말했다.

"인생 고작 70해에 낮이 반이고 밤이 반일세. 나는 낮에는 남의 일꾼이 되어 괴롭다면 괴로운 생활을 하고 있네. 하지만 밤에는 한 나라의 임금이 되어 즐겁고 고귀하기 비길 데 없이 살고 있다네. 그러니 무슨 회한이 있겠는가."

한편, 주인 윤씨는 세상 일을 경영하느라 생각이 복잡하고, 집안 일을 다스리느라 마음이 고달파 몸과 마음과 정신이 항상 지칠 대로 지쳐 있는지라, 잠이 들어도 답답하고 개운하지 않았다.

그는 꿈만 꾸면 남의 집 머슴이 되어 분주하게 쏘다니면서 온갖 지저분하고 잡다한 일을 다 하고, 자면서 내는 헛소리, 잠꼬대, 신음 소리가 아침까지 이어졌다.

사슴과 꿈

중국 정나라 때, 땔나무를 해다 팔아 생계를 이어 가는 사람이 있었는데, 어느 날 나무를 하다 사냥꾼에게 쫓겨오는 사슴을 만났다.

땔나무꾼은 사슴을 죽여 급히 물이 없는 구덩이에 넣고 땔나무로 덮어 두었다. 그리고는 사냥꾼을 피해 멀찍한 곳으로 가서 나무를 했다. 해가 저물자 그는 사슴을 찾아 가지고 집에 가려고 숨겨 둔 사슴을 찾았는데, 어디다 숨겨 두었는지 찾을 수가 없었다. 그는 '내가 꿈을 꾸었나 보다.' 체념하고 말았다.

집으로 돌아오면서도 아까운 생각이 들어 혼자말로 웅얼거리면서 걸어가고 있었다. 이웃 마을에 사는 다른 나무꾼이 무얼 그렇게 웅얼거리느냐고 물으니, 자초지종을 이야기해 주었다.

이야기를 들은 이웃 마을 사람이 땔나무꾼이 해 준 말을 따라 현장으로 되돌아가 숨겨 둔 사슴을 찾아 내서 집으로 가져갔다.

"여보, 이웃 마을 땔나무꾼이 나무를 하다가 사슴을 얻어서 감추어 두었는데, 감추어 둔 곳을 그만 잊어버렸소. 그는 '내가 꿈을 꾼 게지.' 하고 찾기를 포기하고 말았소. 내가 그 사슴을 찾아서 가지고 왔소. 그 땔나무꾼은 진짜로 꿈을 꾼 사람이었소."
이 말을 들은 아내가
"당신이야말로 그 나무꾼이 사슴을 잡은 것을 꿈에 보았겠지요. 지금 진짜로 사슴을 얻은 당신의 꿈이 진짜가 아니겠습니까?"
하고 말했다.
"그렇지? 내가 실제로 사슴을 얻었으니, 그것이 그 사람 꿈이든 내 꿈이든 무슨 상관이란 말이오."
한편 사슴을 감추어 둔 장소를 잊어버린 땔나무꾼은 집에 돌아와서도 사슴을 못 찾은 것이 못내 아쉬웠다. 그는 그날 밤 꿈에 사슴을 감추어 둔 곳을 보았다. 그리고 그 사슴을 가져간 사람도 보았다. 그래서 이튿날 아침 꿈에서 본 곳을 기억해 내어 찾아가 보고, 사슴을 가져간 사람의 집에 가서 사슴을 찾아 냈다.
두 사람은 서로 자기 사슴이라고 우기다가 관에 소송을 냈다.
소송을 담당한 관리가 이렇게 판결을 내렸다.
"당신은 처음에 사슴을 얻고도 그것을 꿈으로 생각했고, 꿈에 사슴을 얻고는 현실이라고 생각했소. 그리고 저 사람은 당신의 사슴을 가져가고도 당신과 사슴을 다투고, 저 사람의 아내는 꿈으로 남의 사슴을 인정하면서도 남에게 사슴을 얻은 것이 없다고 생각하고 있소. 지금 이 사슴을 있는 것을 근거로 하여 둘로 나누겠소."
　이 고을 사또가 관리의 판결문에 결재를 하면서 이렇게 말했다.
　"자네는 또 꿈을 꾸어 남의 사슴을 나누려 하는가. 그러나 꿈과 꿈 아닌 것을 분별할 수가 없구나. 지금 이 세상에는 꿈과 현실을 분별할 만한 사람이 없다."

이것도 인생이다

산을 옮긴 90세 노인

중국에 태항산과 왕옥산이 있었는데, 두 산은 둘레가 사방 7백 리요, 높이가 만 길이었다.

나이 아흔 살이 된 우공이라는 노인은 그 큰 두 산을 마주 보고 살았는데, 읍내를 가려면 산에 막혀서 먼 길을 돌아다녀야 했다.

어느 날, 가족을 모아 놓고

"나는 너희들과 함께 힘을 다해 저 산의 험준한 데를 닦아서 평평하게 하고, 길을 낼 것을 목표로 삼는다. 너희들도 내 뜻에 따르겠느냐?"

하고 물었다. 늙은 아내가 이의를 제기했다.

"영감의 힘으로는 작은 동산 하나도 헐 수 없을 것이오. 그런 힘으로 태항산과 왕옥산을 어떻게 하겠다구요? 그리고 그 흙과 돌은 어디다가 버릴 건가요?"

"흙과 돌은 발해 끝에 버릴 것이오."

우공은 아들과 손자를 이끌고 흙을 파내고 돌을 깨뜨려 삼태기에 담아서 발해의 끝으로 운반하는 일을 시작했다.

이웃에 사는 과부는 이제 겨우 젖니를 가는 어린 아들을 데리고 살고 있었다. 이 어린 아들이 우공을 도와 준다고 흙짐을 지고 갔는데, 추위에서 더위로 한 철이 바뀌고서야 처음으로 한 차례 흙을 발해의 끝에 버리고 집으로 돌아왔다.

이웃에 사는 노인이

"영감의 지혜 없는 행동은 말로 할 수가 없소. 영감은 살 날이 얼마나 된다고 이 일을 한단 말이오. 영감 살아 생전에 저 산의 터럭 하나도 헐어 낼 수 없을 것 같은데, 어느 세월에 이 일을 마칠 수 있겠소."

하고 말렸다. 우공은 한숨을 지으며 이렇게 말했다.

"당신은 참으로 마음이 꽉 막힌 사람이구려. 저 젊은 과부의 어린 아들까지도 이 일을 도와 주고 있지 않소. 비록 내가 죽는다고 하더라도 내 아들이 이 일을 하고 있고, 아들에게는 또 손자가 있고, 손자는 또 아들을 낳을 것이 아니오. 그래서 인간은 자자손손 끝이 없는 것이오. 그런데 저 산은 더 자라는 것이 아니라 시간이 갈수록 점점 깎일 것이 아니겠소. 이치가 그러한데 어찌 평지로 깎이지 않을 것이라고 말하는 것이오."

이 말에 이웃에 사는 영감은 더 할 말이 없었다.

산신이 우공의 말을 듣고 상제에게 보고했다. 상제가 우공의 정성에 감복하여 산신에게 명하여 두 산을 업어다가 하나는 동쪽으로 옮겨 놓고, 하나는 남쪽으로 옮겨 놓게 했다.
 이로부터 우공이 사는 마을을 가로막고 있던 깎아지른 듯이 솟아 있던 산은 없어졌다.

황하를 다 마신 과보

과보는 자신의 능력은 헤아리지 않고, 해의 그림자를 따라 쫓아갔다.

정신 없이 달려 해의 그림자를 따라가다 보니 목이 말랐다.

과보는 황하의 물을 다 마셨지만 갈증을 채울 수가 없어 위수의 물까지 다 마셨다. 그래도 갈증이 가시지 않아 대택의 물을 마시려고 대택으로 가는 도중에 너무나 목이 말라 죽고 말았다.

땅은 과보의 시체 썩은 기름과 썩어 문드러진 살로 흥건히 젖었고, 과보가 짚고 다니던 등나무 지팡이에서 돋은 싹이 자라 등나무 숲을 이루었는데, 그 등나무 숲의 너비가 수천 리에 이르렀다.

위험 속에서 살아난 공자

공자가 진나라와 채나라 사이에 잠시 머무르고 있을 때였다. 초나라에서 공자를 모셔 가려고 했다. 진나라와 채나라는 만약 공자가 초나라로 가면, 안 그래도 강대국인 초나라가 더 큰 힘을 발휘하여 진나라, 채나라 같은 작은 나라들은 살길이 막막해질 것을 걱정하였다. 그래서 군대를 동원하여 공자 일행을 포위하고 그 곳에서 굶어 죽게 만들려는 계획을 세웠다.

공자 일행은 포위당한 지 여러 날이 지나자 먹을 것이 떨어져 명아주풀을 끓인 풀떼죽으로 연명하며 겨우 목숨을 이어 가고 있었다.

그러던 어느 날, 갑자기 대문 밖에서 키가 9척이나 되는 사람이 머리에는 높은 모자를 쓰고, 몸에는 검정색 두루마기를 두르고, 큰 소리를 질러 댔다.

자공이 방에서 나와 마당을 가로질러 가며 괴한에게 물었다.

"그대는 누구인가?"

괴한은 대답도 하지 않고 털북숭이 손으로 자공의 겨드랑이를 잡아 위로 한 번 들어올리고, 왼쪽으로 한 번 흔들고 하다가 자기의 겨드랑이에 자공을 끼웠다. 자공은 살려 달라고 소리를 지르고 괴한은 몸을 돌려 달아나기 시작했다.

자로가 보검을 들고 뛰쳐나와 괴한과 싸웠다. 괴한은 자공을 방패 삼아 자로를 상대했다. 그러니 자로는 칼을 쓸 수가 없었다. 자로는 칼을 버리고 맨손으로 괴한과 맞섰다.

공자가 마루에서 두 사람이 싸우는 모습을 바라보고 있었다. 공자가 보니 괴한의 양쪽 겨드랑이가 붙어 있어서 마치 커다란 손바닥으로 박수를 치는 것과 같았다.

"자로야, 그놈의 겨드랑이 밑으로 손을 넣어 꽉 잡아라."

공자의 말을 들은 자로는 얼른 손을 괴한의 겨드랑이 밑으로 넣어 갈비뼈를 잡았다. 그러고 나서 힘을 주니 괴한은 힘을 쓰지 못하고 땅바닥에 쓰러졌다. 그놈은 사람이 아니라 대가리에서 꼬리까지 9자나 되는 거대한 메기였다.

공자는 괴물을 자세히 들여다보고

"이 괴상한 것이 도대체 어떻게 생겨난 것일까. 옛말에 어떤 물건이든 오래 되면 온갖 정령들이 달라붙어 요괴가 된다고 했다. 세상이 어지러우니 이런 요괴가 나타난 것이리라. 어쨌든 잘됐다. 우리는 모두 지금 배가 고프다. 이 메기로 배를 채우자꾸나."

이렇게 해서 메기를 삶아 먹고 공자 일행은 살아날 수 있었다. 진나라와 채나라 군사들은 이제쯤 공자 무리가 굶어 죽었으려니 하고 보면, 죽기는커녕 더 생기가 도는 것을 보고 더 이상 어쩔 수 없다고 생각하고 포위망을 풀어 공자 일행을 놓아 주었다.

공자를 희롱한 두 아이

공자가 말다툼하고 있는 두 어린아이를 보고 왜 말다툼을 하느냐고 물었다.
그 중 한 아이가
"선생님, 저는 해가 솟아오를 때는 사람과 가깝고, 해가 중천에 떴을 때는 사람과 거리가 멀다고 생각합니다. 왜냐 하면 해가 솟아오를 때는 수레바퀴만 하게 보이고, 해가 중천에 이르면 접시만 하게 보이기 때문입니다. 먼 것은 작게 보이고 가까운 것은 크게 보이는 이치가 바로 그러하지 않습니까."
하고 자기 생각이 옳음을 주장했다.
그러자 다른 아이가
"선생님, 저의 생각은 다릅니다. 저는 해가 솟아 나올 때는 사람과 멀고, 해가 중천에 이르면 사람과 가깝다고 생각합니다. 왜냐 하면, 해가 솟아 나올 때는 춥고, 해가 중천에 이를수록 더워지기 때문입니다. 불은 가까울수록 뜨겁고 멀수록 추워지는 이치가 바로 그러하지 않습니까?"
하고 자기 생각이 옳음을 주장했다.
　두 아이의 이야기를 들으니 공자는 누구의 말이 옳은지 결정을 내려 줄 수가 없었다.
　그러자 두 아이는
　"세상 사람들은 선생님을 가리켜 아는 것이 많은 사람이라고 하던데, 이런 것도 모르십니까?"
하고 웃으면서 말했다.

공자보다 아는 것이 많은 아이

어느 날 공자가 마차를 타고 동쪽으로 나갔다가 길에서 아이들이 놀고 있는 모습을 보았다. 빼빼 마르고 머리통이 커다란 한 아이가 아이들과 어울리지 못하고 혼자서 놀고 있었다.

공자가 이 아이에게 '왜 혼자 놀고 있느냐?'고 물었다.

"놀이라는 것이 고작 서로 죽이는 것 아니면 다치게 하는 전쟁놀이지요. 옷이나 찢어지고 배나 고파지는 것밖에 더 있습니까. 저따위 놀이를 하느니 차라리 집에 가서 방아라도 찧는 편이 낫겠지요."

이렇게 말한 아이는 혼자서 돌멩이와 흙을 가져다 길 가운데 성을 쌓아 놓고는 자기가 성을 지키는 장군이라면서 성 위에 앉아 있었다.

"네가 쌓은 성은 어째서 내 마차에게 길을 내주지 않는 것이냐."

"노인장 모습을 뵙자니 학문의 깊이가 보입니다. 하늘의 이치를 터득하고, 인간의 도리를 모두 파악하신 군자이신 듯한데, 어째서 마차가 성을 피해 가야 한다는 이치를 모르신단 말입니까. 예로부터 성이 마차에게 길을 내주었다는 말을 들어 보신 일이 있습니까?"
어린아이의 말에 공자는 할 말이 없었다.
"요녀석, 어린 놈이 어찌 그렇게 말을 잘하느냐. 참으로 영악한 놈이구나."
"물고기는 태어난 지 사흘이 지나면 물 속에서 헤엄을 치고, 토끼는 들판을 뛰어다니고, 용은 발톱을 세우고 이빨을 드러낼 줄 압니다. 그것이 모두 자연스러운 일인데 어찌 저더러 영악하다고 말씀하십니까."
"너한테 몇 가지 물어 보자. 돌이 없는 산은 어느 산이냐. 어떤 물에 물고기가 없느냐. 바퀴 없는 마차는 무엇이냐. 송아지를 낳지 않는 소는 무엇이냐. 망아지를 낳지 않는 말은 무슨 말이냐. 어떤 불에 연기가 없느냐. 어떤 날이 부족하고 어떤 날이 남아돌아가느냐. 어떤 나무에 나뭇잎이 없고 어떤 성에 장이 서지 않겠느냐?"
아이는 생각하지도 않고 대답했다.
"흙산에 돌이 없고, 우물물에 고기가 없고, 가마에는 바퀴가 없고, 진흙으로 만든 소는 송아지를 낳지 못하고, 나무로 깎은 말은 망아지를 낳지 못하고, 반딧불에는 연기가 없고, 겨울날은 짧아 부족하고 여름날은 길어 남아돌고, 고목에는 나뭇잎이 없고, 사람이 살지 않는 텅 빈 성에는 장이 서지 않습니다."

"그래 훌륭하구나. 다시 한 번 물어 보자. 어느 집 지붕 위에 소나무가 자라는지 아느냐. 문 앞에 갈대가 자라는 것은 무엇이고, 개는 자기 주인을 물 수 있을까? 며느리가 시어머니를 부를 수 있을까?"

"지붕 위에 소나무가 자란다 하는 것은 곧 서까래를 말합니다. 문 앞에 갈대가 자란다는 말은 문에 드리운 발을 일컫는 것입니다. 개가 주인을 무는 것은 낯선 사람이 주인 곁에 앉아 있기 때문이고, 며느리가 시어머니를 부르는 것은 며느리가 꽃밭에 앉아 막 꺾은 꽃을 머리에 꽂아 달라고 하는 것이지요."

"그렇다면, 하늘이 얼마만큼 높고 땅이 얼마나 두꺼운지 아느냐? 하늘과 땅에는 기둥이 몇 개 있으며 바람은 어디서 불어 오는 것인지, 비는 어디서 내리는 것인지 알고 있느냐? 이슬은 어디서 오는 것일까?"

"하늘은 1억 9천9백99리이며, 땅의 두께도 그와 비슷합니다. 하늘을 떠받치는 기둥은 없습니다. 바람은 창공에서, 비는 구름에서, 이슬은 온갖 풀의 이파리에서 생겨나는 것입니다."

공자는 청산유수로 대답하는 아이의 입을 바라보며 잠시 입을 열지 못하고 있었다. 그러자 아이가 공자에게 물었다.

"제가 어르신께 몇 가지 여쭈어 보아도 되겠습니까? 오리는 어떻게 물 위에 떠 있으며, 기러기는 어떻게 울음소리를 내는지 아십니까? 그리고 소나무와 잣나무는 어째서 겨울에도 늘 푸른 것일까요?"

"오리가 물 위에 떠 있는 것은 발이 네모져서이지. 기러기가 울 줄 아는 것은 목이 길기 때문이고, 소나무 잣나무가 늘 푸른 것은 속이 꽉 차 있기 때문이다."

아이는 고개를 저었다.

"틀렸습니다. 자라는 물에 뜰 수 있는데도 발이 네모지지 않았고, 두꺼비도 울음소리를 낼 줄 알지만 목이 길지 않습니다. 대나무도 늘 푸른 나무지만 속이 비어 있지 않습니까?"

공자는 대답을 못 하고 우물쭈물했다.

"그럼 다시 한 가지 여쭈어 보겠습니다. 하늘에 빛나는 별이 도대체 몇 개나 될까요?"

공자는 대답할 말이 없어 이렇게 말했다.

"우리가 지금까지 땅 위의 것을 이야기했는데, 갑자기 왜 하늘로 올라가는 것이냐."

"좋아요, 그럼 하늘의 것은 그만두고, 땅 위의 집은 도대체 모두 몇 채나 될까요?"

그 질문에도 공자는 대답을 할 수 없어 이렇게 말했다.

"지금까지 우리는 눈앞의 것을 이야기했잖니. 그런데 갑자기 하늘에 대해서 묻더니 이번에는 땅 위에 대해서 묻는 것이냐."

아이는 웃으면서 다시 말했다.

"그럼, 하늘과 땅에 대한 것 말고, 눈앞의 것에 대해서만 묻겠습니다. 어르신 눈앞에 있는 그 눈썹은 몇 개나 될까요?"

공자는 여전히 대답을 할 수 없었다. 그러다가 한숨을 쉬면서 말했다.

"그래, 이 나이가 되어서야 이제 알겠구나. 뒤따라오는 후생이 얼마나 두려운 존재인가를."

공자는 집으로 돌아와 더욱 열심히 학문에 전념했다.

이것도 인생이다

인자한 도둑이 어디 있겠는가

중국 춘추 전국 시대, 연나라 선비 우결이 지방에서 서울로 올라가다 산 속에서 도적을 만났다.

우결은 수레와 소, 옷과 짐을 몽땅 빼앗겼다. 도적들이 사람의 목숨은 해치지 않겠다며, 그의 목숨만은 살려 주었다. 도적들이 우결을 보니, 빼앗긴 물건을 아까워하거나 도적에게 몸을 상할까 두려워하는 기색이 전혀 보이지 않았다.

도적들이 그를 따라가 물었다.

"선비는 아까운 물건을 다 빼앗겼는데도 전혀 아까워하지 않고 오히려 즐거워하는 모습입니다. 그 까닭이 무엇입니까?"

"선비는 몸을 보호하기 위해 입는 옷 따위를 위해서, 마땅히 보호해야 할 몸을 해롭게 할 일은 하지 않습니다."

이렇게 말하는 선비의 말을 듣고 도적들은 '이 사람은 과연 선비다운 선비다.' 감탄하고

"저 사람이 돌아가 사또를 만나, 도적에게 물건을 다 빼앗겼다는 말을 하면, 사또는 훌륭한 선비의 말을 가볍게 처리하지 못하고 군사를 풀어 우리를 잡으려 할 것이다. 그렇게 되면 우리는 군대에 쫓기는 고단한 신세가 될 것이다. 그러니 우리는 저 선비를 죽이지 않을 수 없다."

이렇게 상의하고 선비를 죽였다.

연나라 사람들은 이 이야기를 듣고 집안 사람들에게

"혹 길을 가다 도적을 만나거든 우결과 같은 짓은 하지 마라."

하고 일렀다.

우결의 아우가 진나라에 가다가 도적을 만났다.

그는 형의 일을 떠올리고, 물건을 순순히 넘겨주지 않고 도적들과 맞서 싸웠다. 그러나 중과부적인지라 물건을 지키지 못하고 다 빼앗기고 말았다.

그는 도적들의 뒤를 따라가, 온갖 비열한 말을 해 가며 물건을 돌려달라고 졸랐다.

도적들은 화를 내며

"우리가 너를 살려 준 것만도 감지덕지해야 할 판에, 우리를 뒤쫓아오니 네놈에게 우리의 행적이 드러날까 염려되는구나. 우리는 이미 도적 떼인지라 인자한 마음을 버린 지 오래다."

하고는 그를 죽여 버리고 말았다.

이것도 인생이다

하늘에서 떨어진 쥐가 입으로 들어가니

중국 춘추 전국 시대, 양나라의 큰 부자 우씨는, 돈과 비단, 금은보화도 헤아릴 수 없을 만큼 많이 갖고 있었다.

어느 날, 우씨는 높은 누각에 올라 눈 아래 펼쳐진 아름다운 풍광을 바라보며 음악을 연주하고, 술상을 늘어놓고 벗들과 술을 마시고, 한편에서는 마작판을 벌여 노름을 하고 있었다.

누각 위에서 노름하는 사람이 크게 이겼다고 기뻐하며 손뼉치며 웃고 있을 때, 쥐를 잡아 움켜쥐고 날아가던 솔개가 손뼉치며 웃는 소리에 깜짝 놀라 그만 쥐를 떨어뜨리고 말았다. 공교롭게도 그 때 왈짜패들이 누대 아래를 지나가다, 누대에서 나는 웃음소리에 고개를 젖히고 올려다보는데 솔개가 떨어뜨린 쥐가 입 속으로 떨어졌다.

왈짜패들은 누대 위에서 노름하는 사람들이 쥐를 자기들에게 던진 것으로 생각하고

"저런 나쁜 놈들, 우씨는 부자로 살면서 남을 업수이 여기는 사람이다. 그래서 우리에게 쥐를 던진 것이다. 이 모욕을 갚아 주지 않을 수 없다."
하고는 힘을 모아 우씨네 집을 불태우고, 우씨를 붙잡아 몰매를 때려 숨지게 했다.

도둑이 준 밥

어떤 사람이 먼 길을 가다가 굶주려 길에서 쓰러지고 말았다.

마침 도둑이 굶주려 쓰러진 사람을 발견하고, 훔쳐 온 쌀로 밥을 지어 먹였다.

겨우 정신을 수습한 사람이 자기에게 밥을 준 사람에게

"그대는 무엇하는 사람이오?"

하고 물었다.

"나는 도둑질로 먹고 사는 사람이오."

"도둑이라고? 도둑이 나에게 밥을 먹였다고? 나는 도둑의 밥은 먹지 않아."

그 사람은 땅을 짚고 먹은 것을 토해 내는데, 먹은 것이 나오지 않았다. 그래서 그는 계속해서 '악악' 소리를 지르며 토하다가 지쳐서 쓰러져 죽고 말았다.

그 개는 왜 짖었을까

어떤 사람이 흰 옷을 입고 친구네 집에 가다가 비를 맞았다.
그는 친구에게서 친구의 검은 옷을 빌려 입고 집으로 돌아왔다.
그런데 개가 주인을 알아보지 못하고 짖어 대는 것이었다.
그는 화가 나서 개를 때리려고 했다.
이것을 본 아내가 남편을 말리며 말했다.
"여보, 개를 때릴 일이 아닙니다. 만약 우리 개가 흰둥이인데, 밖에 나가 놀다가 숯검정을 뒤집어쓰고 검둥이가 되어 돌아온다면 우리 개를 알아 보시겠습니까? 흰 옷 입고 나간 주인이 검은 옷을 입고 돌아오니 개가 못 알아보는 것은 당연한 일이 아니겠습니까."

고기의 뱃속에 칼을 감추다

중국 춘추 시대, 오나라 임금 수몽은 유언을 통해 임금 자리를 네 아들이 차례대로 돌아가며 맡으라고 했다. 이 유언에 따라, 첫째아들 저번이 임금 자리에 올랐고, 그가 죽자 둘째아들 여제에게로, 여제가 죽자 셋째아들 여매에게로, 여매가 죽자 막내아들 계찰에게로 임금 자리가 이어져 내려갔다. 그러나 계찰이 임금 자리를 버리고 산으로 들어가 버렸기 때문에 여매는 자기 아들인 요에게 임금 자리를 물려주었다.

저번의 아들 광은 임금 자리가 마땅히 할아버지의 장손인 자기에게 와야 하는데 요에게로 간 것에 대해 불만이 컸다. 그래서 그는 임금 자리를 빼앗아 오기 위해 호시탐탐 기회를 노리고 있었다.

저잣거리에서 싸움질로 세월을 보내던 전저라는 사람이 광을 찾아가 자기가 요왕을 죽이겠다고 맹세했다.

"요왕을 죽이려 한다면, 먼저 그의 비위를 맞추어 주어야 합니다.

요왕은 무엇을 좋아합니까?"

"그는 먹는 것을 즐긴다."

"어떤 음식을 좋아합니까?"

"생선구이를 특히 좋아한다."

전저는 그 날로 태호로 가서 생선 요리집에 들어가 생선 요리를 배웠다. 당대 가장 훌륭한 요리사라고 소문난 요리사에게서 생선구이의 비법을 배웠다. 석 달 만에 전저는 생선구이의 비법을 배워, 그가 생선을 구우면 10리 밖에서도 그 맛있는 냄새를 맡을 수 있을 정도가 되었다.

그 무렵 초나라의 임금이 죽었다. 오나라의 요왕은 그 틈을 이용해 초나라를 칠 계획을 세웠다.

광은 싸움터에 나가는 장수들을 자기 집으로 초청해 환송연을 베풀기로 하고 요왕도 그 자리에 초청했다. 특히 태호에서 잡은 잉어구이를 준비했으니 꼭 참석해 달라고 강조하는 것을 잊지 않았다.

광은 연회석 뒷방에 무장한 병사 수백 명을 감추어 두었다. 요왕 역시 궁궐에서부터 광의 집에 이르기까지 무장한 친위대를 곳곳에 세워 두었다. 피차간에 삼엄한 무력 시위가 등줄기에 서늘한 땀을 흘리게 했다.

연회가 시작되고, 술잔이 몇 순배 돌았다. 광이 전저에게 어서 잉어구이를 가져오라고 독촉했다.

이것도 인생이다

전저는 사람 키만한 잉어구이를 받쳐 들고 무릎걸음으로 요왕 앞에 나아갔다. 잉어의 뱃속에는 날카로운 칼이 숨겨져 있었다. 훗날 이 칼을 가리켜 어장검(魚腸劍)이라고 불렀다.

전저는 잉어구이를 요왕 앞에 놓으면서 잉어 뱃속을 손으로 가르고 칼을 꺼내 바람처럼 빠른 속도로 요왕의 가슴을 찔렀다.

요왕의 호위병들이 창으로 전저의 양 어깨를 내리쳤다. 창날의 갈고리에 전저의 어깨가 걸렸고, 창을 잡아당기니 가슴이 찢어져 피가 솟아났다. 그러나 전저는 요왕을 찌른 칼을 놓지 않았다. 칼은 요왕의 가슴을 뚫고 등으로 나와 뒤에 펼쳐 놓은 병풍에까지 닿았다.

요왕과 전저는 그 자리에서 죽었다. 뒷방에 미리 숨겨 두었던 광의 병사들이 물밀듯이 쏟아져 나와 요왕의 친위대를 무찔렀다.

이렇게 해서 광은 임금 자리를 차지하게 되었다. 그가 곧 오나라 왕 합려이다.

과잉 충성으로 자신을 망친 사람

　중국 춘추 전국 시대, 오나라 왕 합려는 쿠데타로 정권을 장악했다. 그런데 전 왕의 아들 경기가 문제였다. 경기는 용맹스럽고 날쌔며 힘이 장사여서 달리는 말을 따라잡을 수 있고, 날아가는 제비도 낚아챘다.
　아버지가 살해되자 경기는 위나라로 도망가 버렸다. 합려는 경기가 마음에 걸려 걱정이 태산이었다. 목에 가시 같은 경기를 없애야만 자신의 자리가 안전할 것 같았다.
　합려가 재상에게 좋은 방법이 없겠느냐고 물으니 요리라는 사람을 천거했다.
　합려가 요리라는 인물을 보니 정말로 신체가 왜소하고 생긴 것도 볼품이 없었다. 합려가 별로 탐탁치 않게 생각하는 듯한 눈치를 보이자 요리는
　"저는 몸집도 작고 힘도 없어서 바람이 앞에서 불면 뒤로, 뒤에

서 불면 앞으로 고꾸라질 그런 인물이랍니다. 이렇게 쓸모없는 인간이기는 하지만 전하께서 명령만 내리시면 힘을 다해 그 일을 하겠습니다. 전하께서 걱정하시는 것은 모두 경기 때문 아닙니까. 제가 경기를 없애버리겠습니다."

"경기는 힘이 장사이고 세상이 다 아는 날쌤과 용맹을 가지고 있는 인물이다. 네가 어떻게 그를 당해 낼 수 있겠느냐."

"제가 그에게 투항하여 그에게 접근한 뒤 기회를 보아 없애버리지요."

"경기는 쉽게 남을 믿는 사람이 아니다. 더구나 너는 나의 아래에 있는 사람이다. 경기가 너를 믿어 주겠는가."

"전하, 고육책을 쓰면 됩니다."

"고육책이라니?"

"전하께서 저를 죄인으로 몰아 저의 오른팔을 베어 버리십시오. 그리고 제 아내와 자식들까지 모두 죽이십시오. 그런 뒤 저는 탈출하여 경기에게 도망가는 듯이 하면 경기도 저를 믿을 것입니다."

"그건 너무 한 일이 아닌가."

"신하는 아내와 자식을 사랑하는 작은 즐거움에 빠져 있으면 임금을 섬기는 큰 일을 할 수 없습니다. 그것은 충성이 아닙니다. 내 집안만 생각하느라 임금의 근심을 해결하지 못하면 그것은 의가 아니지요. 저의 마음은 이미 정해졌습니다."

"그렇다면 좋다."

마침내 요리는 오른팔이 잘렸고, 아내와 자식들은 저잣거리에서 죽임을 당해 불에 태워졌다.

이런 비극적 사건은 금세 온 나라에 퍼졌다. 요리는 하나 남은 왼팔을 이끌고 위나라로 도망가 경기에게 투항해 합려의 포악무도함을 비난했다.

경기는 요리 일가의 비극적인 참형을 소문을 통해 알고 있던 차라, 팔이 잘린 요리가 눈앞에 나타나자 그를 깊이 신뢰했다.

경기는 합려에게 복수를 하기 위해 군대를 잘 훈련하고 있던 터였다. 마침 오나라에서 금방 망명온 요리에게서 오나라의 최근 소식과 정보를 들을 수 있었으므로, 요리의 말을 믿고 따를 수밖에 없었다. 그래서 경기는 요리를 곁에 두고 모든 일을 의논했다.

경기가 수십 척의 배에 군사를 태우고 강을 따라 오나라로 쳐들어갔다. 배가 강의 중간쯤에 이르렀을 때, 두 사람은 뱃머리에 앉아 지형에 대해 이야기하고 있었다.

경기는 바람이 불어 오는 쪽을 향해 앉아 있고, 요리는 왼손에 짧은 창을 들고 바람을 등지고 서 있었다.

세찬 바람이 몰아치는 순간 요리는 바람의 힘에 몸을 맡기면서 왼손에 들고 있던 창으로 경기의 심장을 찔렀다. 창은 경기의 심장을 꿰고 등까지 뚫고 나갔다.

경기는 커다란 손으로 요리를 잡아 거꾸로 들더니 머리를 강물 속에 처박았다. 그렇게 머리를 강물 속에 처박았다 들어 올렸다 하

이것도 인생이다

기를 서너 번 하더니, 어린아이를 무릎에 앉히듯 요리를 무릎 위에 앉히고는 웃으면서 말했다.

"너는 참으로 빼어난 용사로다."

놀라서 달려온 병사들이 요리를 죽이려 하자 경기는 손을 내저으며 말렸다.

"요리를 놓아 주어라. 그리하여 그의 용맹스러움을 칭송하라."

경기는 요리를 갑판 위에 내려놓고, 한 손으로 심장에 박힌 창을 뽑아 냈다. 폭포수 같은 피를 쏟으며 경기는 태산이 무너지듯 갑판 위에 쓰러져 죽고 말았다.

병사들은 배를 돌려 후퇴하고, 경기의 유언에 따라 요리를 놓아 주었다. 요리는 뱃전에서 하나 남은 왼팔로 턱을 괴고 앉아 생각에 잠긴 듯 꼼짝도 하지 않았다.

"빨리 가라. 왜 가지 않는 것인가."

병사들이 재촉하자, 요리는 눈물로 범벅이 된 얼굴을 들고 이렇게 말했다.

"나는 내가 도대체 무슨 바보 같은 짓을 저질렀는지 모르겠다. 나는 아내와 자식 들의 생명을 버리면서까지 임금을 섬겼다. 그것은 어질지 못한 불인(不仁)이다. 새 임금을 섬기기 위해 옛 임금의 아들을 죽였으니 그것은 불의(不義)이다. 다른 사람의 소원을 풀어 주기 위해 내 몸의 오른팔을 잘랐으니 그것은 지혜롭지 못한 일이다. 이 세 가지 잘못을 저질렀는데, 어찌 이 세상에 살아 있을 수 있단 말인가."
　요리는 이렇게 말하고 강물 속으로 몸을 던졌다. 병사들이 황급히 그를 건져 올리자 요리는 눈을 가늘게 뜨고 말했다.
　"왜 나를 건져 올렸소?"
　"오나라에 돌아가 상을 타야 할 것 아니오."
　요리는 비웃는 듯한 웃음을 띠며
　"가족의 생명조차 함부로 버린 짐승 같은 사람에게 상이며 벼슬이며 부귀영화 따위가 무슨 소용이 있겠는가."
하고 옆에 서 있는 병사의 칼을 빼앗아 자신의 두 발을 자르고, 목을 찔러 자살했다.

⑧ 세상을 조롱한 사람들

둥글둥글 중머리 말불알 같고
원생원, 서진사, 문첨지, 조석사
파자(破字)로 욕하기
한글과 한자를 섞어 쓴 퓨전 시
하나와 둘은 같지 않으나
전무후무한 절창, 숫자로 쓴 시
서당 훈장과의 하룻밤
가짜 김삿갓 소동
사람 같지 않은 사람과 도둑놈 같은 일곱 아들
친구 아내 골려주기
거짓말내기
쥐똥약과 오줌술

둥글둥글 중머리 말불알 같고

 김삿갓이 금강산 유점사에 이르렀을 때 한 노승이 젊은 선비와 필담을 주고받고 있었다. 김삿갓이 그들의 수작을 보니 한문으로 대화를 하고 있는 것이었다.
 김삿갓은 은근히 배알이 꼬였다.
 "흥, 가관이군."
 웬 나그네가 무례하게 끼여드는 것도 비위에 거슬렸지만, 그의 말투에 한껏 비웃음이 섞여 있는 것에 노승은 화가 났다.
 "무식한 자는 한문 필담을 알 수 없겠지."
 "그럼, 한문으로 필담을 해야 꼭 유식하단 말이오?"
 "그걸 말이라고 해. 우리는 지금 한시를 짓고 있는 중이야. 한시가 얼마나 박학다식해야 지을 수 있는 것인지 알기나 하나?"
 "허허 그렇습니까? 그럼 무식한 사람은 언문 풍월이라도 읊어야겠소이다."

"좋소이다. 무식한 젊은이 언문 풍월이나 들어 봄세."
"어서 운자나 불러 보시오."
김삿갓이 노승에게 운자를 부르라고 재촉하자 노승은
"타."
하고 운자를 불렀다. 노승의 입에서 운자가 떨어지자마자 김삿갓은 거침없이 내뱉었다.
"사방 기둥 빨갛타."
노승은 연이어 운자를 불렀다.
"타."
"석양 나그네 시장타."
"또, 타."
"이 절 인심 고약타."
노승은 눈이 둥그래졌다. 비록 언문 풍월이긴 하지만 나그네의 재주가 보통이 아니란 걸 눈치챘기 때문이다.
"이거 봐, 젊은이. 언문 풍월이 뭐야. 진서로 시를 지어야지."
"좋습니다. 운자를 부르시면 내 진서로 시를 짓지요."
"기왕 언문 풍월로 시작했으니 기역(ㄱ)자와 니은(ㄴ)자로 하지."
김삿갓은 기역자와 니은자로 각운을 삼고 시를 한 수 지었다.

水作銀杵舂絶壁(수작은저용절벽)

雲爲玉尺度靑山(운위옥척도청산)
물은 은으로 만든 공이가 되어 절벽에 방아를 찧고
구름은 옥으로 만든 자가 되어 청산을 재고 있네.

김삿갓을 무식한 나그네라고 깔보았던 노승은 눈이 둥그래졌다. 김삿갓은 그런 노승의 얼굴을 보면서 니은자와 기억자를 각운으로 삼은 시를 다시 읊었다.

僧首團團汗馬閬(승수단단한마랑)
儒頭尖尖坐狗腎(유두첨첨좌구신)

聲令銅鈴零銅鼎(성령동령영동정)
目若黑椒落白粥(목약흑초낙백죽)

둥글둥글 중 대가리 땀 젖은 말의 불알이고
뾰족뾰족 선비 대가리 앉은 개의 좆이구나

목소리는 구리방울이 구리솥에 부딪는 듯하고
눈깔은 검은 후추가 흰 죽에 빠진 듯하구나.

원생원, 서진사, 문첨지, 조석사

김삿갓이 어느 고을 사또의 아들에게 글공부를 가르치며 식객 노릇을 하고 있을 때였다.

그 고을의 선비 네 사람이 사또를 모시고 시회를 갖는 날이었다. 사또가 김삿갓을 데리고 가 고을 선비들에게 인사를 시켰다.

원 생원(元生員), 서 진사(徐進士), 문 첨지(文僉知), 조 석사(趙碩士) 들은 부모 덕에 잘살면서 글줄이나 읽는다고 잘난 체하는 우물 안 개구리들이었다.

이 네 선비와 사또, 그리고 김삿갓 등 여섯 사람과 기생들이 어우러져 술잔이 돌고 가무가 곁들여진 가운데 시회가 무르익어 갔다. 돌아가면서 짓는 시는 거들먹거리는 값에 비해 너무나 수준이 낮은 것이었다.

원 생원이 비웃듯이 김삿갓에게

"여보시오 선비, 사또께서 선비에게 자제분 글공부를 맡기셨다니, 글재주가 보통이 아닌 모양인데, 선비 글재주 한번 봅시다."
하고 지필묵을 김삿갓 앞으로 밀어 놓았다.

김삿갓은 아까부터 이들이 노는 꼬락서니에 비위가 뒤틀렸던 참이다.

"저 같은 둔재가 어찌 선비님들 글 곁에 놓이겠습니까. 선비님들이 원하시니 못 짓는 글이나마 한 편 읊어 보겠습니다."

김삿갓은 지필묵을 끌어당겨 시 한 수를 써 나갔다.

日出猿生原(일출원생원)
猫過鼠盡死(묘과서진사)
黃昏蚊簷至(황혼문첨지)
夜出蚤席射(야출조석사)

해 뜨니 원숭이 들로 기어나오고
고양이 지나가니 쥐가 모두 죽었네
황혼이면 모기 떼 처마에 모여들고
밤에 나온 벼룩은 자리를 쏘더라.

이 시는 시골 선비 네 사람, 원 생원, 서 진사, 문 첨지, 조 석사를 비웃는 내용이었다. 원 생원은 들에 나온 원숭이로, 서 진사는 죽은 쥐로, 문 첨지는 처마에 몰려드는 모기 떼로, 조 석사는 자리를 쏘는 벼룩으로, 한자의 서로 같은 음을 따서 비유한 것이다.
　사또와 김삿갓은 큰 소리로 웃으면서 술잔을 기울이고, 한껏 교만을 떨던 시골 선비들은 낯빛이 불그락푸르락 어쩔 줄을 몰랐다.

파자(破字)로 욕하기

김삿갓이 길을 가다 해가 저물어 마을의 서당을 찾아갔다. 서당 훈장은 글을 아는 사람인지라, 김삿갓이 하룻밤 묵어 가기를 청하기에 좋은 대상이었다.

대개 시골 서당 훈장들은 글을 아는 나그네를 만나면 반가워서, 세상 돌아가는 이야기도 들을 겸 서당에서 묵어 가는 것을 환영했고, 나그네가 떠날 때는 노자도 얼마쯤 손에 쥐어 주었다.

그런데 이 마을 훈장은 달랐다.

"훈장 어른, 지나가는 나그넨데, 하룻밤 신세 좀 질까 하고 찾아왔습니다."

훈장은 김삿갓의 차림새를 보더니 방문을 쾅 닫고 들은 척도 하지 않았다.

김삿갓은 인정머리 없는 훈장을 골려 주고 싶었다.

"훈장 어른을 위해 제가 시 한 수 지어 드리겠습니다."

"뭐라? 시? 거렁뱅이 주제에 시라?"
훈장은 별꼴 다 본다는 듯이 비꼬았다.
김삿갓은 괴나리봇짐에서 종이 한 장을 꺼내 시를 지었다.

  '하늘 천' 자 관을 벗고 점 하나 얻었고
  '이에 내' 자 칼을 잃고 일자 띠 둘렀네.

김삿갓은 쓰기를 마치고,
"훈장 어른, 제가 쓴 시를 읽어 주십시오."
하고는 종이를 접어 뚫어진 창구멍으로 밀어 넣었다.
 방바닥에 떨어진 종이를 펼쳐 들고 시를 읽어 가던 훈장의 얼굴이 흉하게 일그러졌다.
 "이, 이런 고얀 작자가 있나."
 훈장은 수염을 부들부들 떨면서 방문을 발로 차 열고 뛰쳐나왔다.
 그러나 김삿갓은 벌써 어디로 갔는지 빈 마당에는 늙은 개 한 마리가 엎드려 졸고 있다가 훈장의 서슬에 놀라 꼬리를 내리고 슬금슬금 자리를 피했다.

 김삿갓이 쓴 시는 파자시, 한자의 획을 나누고 더하면서 뜻을 감추어 두는 글이었다.
 하늘 천 '天' 자가 관을 벗었다는 것은 '天' 자의 맨 위 획을 지웠다는 뜻으로, 그렇게 하면 큰 대 '大' 자가 된다. 그 '大' 자 위에 점 하나를 얹었으니 개 견 '犬' 자가 된다.
 이에 내 '乃' 자가 칼을 잃었으니 마칠 료 '了' 자가 되고, 거기에 한 일 '一' 자를 허리에 둘렀으니 아들 자 '子' 자가 된다.
 이 두 글자를 합하면 犬子(견자)라, 곧 '개새끼' 라는 뜻이다. 그러니 훈장이 펄펄 뛰지 않을 수 있었겠는가.

 서당에서 쫓겨난 김삿갓은 하는 수 없이 그 마을에서 제일 잘살 것 같은, 지붕이 둥실한 기와집으로 찾아가서 하룻밤 묵어 가기를 청했다. 김삿갓은 이번에는 주인의 허락받기를 생략하고, 무작정 사랑방 방문을 열고 밀고 들어갔다.
 "아니, 당신은 뉘시오."
 "지나가던 나그네입니다. 사주 관상이나 작명 같은 것 보시지요."
 김삿갓은 다짜고짜 이렇게 말했다.
 "난 또 누구시라고, 안 봅니다."
 "그러지 마시고 아직 안 낳은 손자 이름이라도 지어 놓으시지요."
 이렇게 수작을 하고 있는데 밖에서 인기척이 나더니
 "아버님, 인량차팔(人良且八) 입니다."
 얼른 들으면 '좋은 사람이 또한 여덟입니다.' 하고 이 집 며느리인 듯한 젊은 여자가 이상한 암호 같은 말을 하는 것이었다.
 김삿갓은 금방 그 말이 무슨 뜻인 줄을 알아챘다.

인량(人良), 즉 人자와 良자를 합하면 먹을 식 '食' 자가 된다. 그리고 차팔(且八), 즉 且자와 八자를 합하면 갖출 구 '具' 자가 된다. 食具란 식사 준비가 다 되었다는 뜻이다.
　며느리의 말을 들은 주인이 이렇게 대답했다.
　"월월산산(月月山山) 하거든."
　이 말도 얼른 들으면 '산봉우리마다 달이 뜨거든'이라는 시적 표현같지만, 월월(月月), 즉 月자와 月자를 합하면 친구라는 뜻의 붕 '朋' 자가 된다. 그리고 산산(山山), 즉 山자와 山자를 합하면 나갈 출 '出' 자가 된다. 그러니 이 두 자를 합하면 朋出이란 말이 되고, 그 뜻은 '벗이 가거든'이라는 말이다.
　김삿갓은 기가 막혔다. 며느리가 '식사 준비가 되었으니 가져 올까요.' 하고 물으니 주인은 '이 친구가 가거든 가져오너라.'라고 대답한다. 이런 고약한 인심도 있나. 손님 박대하는 방법도 가지가지구나 김삿갓은 생각하고
　"견자화중(犬者禾重)"
　큰 소리로 한 마디 내뱉고는 그 집을 나와 버렸다.
　견자(犬者), 즉 犬자와 者자를 합하면 돼지 저 '猪' 자가 된다. 화중(禾重), 즉 禾자와 重자를 합하면 종자 종 '種' 자가 된다. 그러니 猪種이란 '돼지 종자'라는 말이다.
　"야 이 돼지 같은 놈들아."
　김삿갓은 이렇게 욕을 해 주고 그 인색한 집에서 나온 것이다.

한글과 한자를 섞어 쓴 퓨전 시

어느 화창한 봄날 김삿갓은 한양 남산에 올라갔다. 남산 여기저기에는 선비들이 둘러앉아 시회를 열고 있었다.
"과연 한양에는 한량들도 많구나."
김삿갓은 한양과 한강이 한눈에 내려다보이는 경치 좋은 곳에 자리를 잡고 앉았다. 화창한 봄날인지라 온갖 꽃들이 다투어 피었고, 나비와 벌 들이 엉클어져 한껏 기분을 들뜨게 하는 날이었다.
김삿갓은 저도 모르게 시흥이 일어 한 수 읊었다.

터벅터벅 높디높은 산에 오르니
헐레벌떡 몹시도 숨이 차네
해롱해롱 취한 눈에 보이는 것은
울긋불긋 꽃송이들 아름다워라

김삿갓이 흥얼거리며 읊은 시를 들었는지, 시회를 열고 있던 옆자리의 한량들이
"허허, 이상한 방갓(부모 상을 당한 사람들이 외출할 때 쓰는 갓)을 쓴 시골뜨기가 시를 다 읊네 그랴."
하고 비꼬았다.
"한양 양반님네는 삿갓과 방갓도 구분할 줄 모르시오? 내가 쓴 것은 방갓이 아니라 삿갓이지요."
"아니, 저 시골뜨기 놈이 누구를 가르치려 드는 게야."
"시골 사람 비웃는 것이 한양 양반님네들 하는 일이오? 시회를 합네 하고 술이나 마시면서 시골 사람 비웃기나 하니 원. 어디 유식한 서울 양반님네들 얼마나 훌륭한 시를 지었는지 한번 봅시다."
김삿갓은 그들 앞에 놓여 있는 종이를 낚아채 펼쳐 보았다.
종이에는 글자 한 자 씌어 있지 않았다. 김삿갓은 한심하다는 듯이 혀를 찼다.
그러자 서울 한량 한 사람이
"그런 당신은 얼마나 글을 잘하오. 글깨나 하는 모양인데, 어디 한 수 읊어 보시지."
하고 먹과 붓을 김삿갓 앞으로 당겨 놓았다.
김삿갓은 붓에 먹을 듬뿍 찍어 순식간에 시 한 수를 써 나갔다.

青松 듬성듬성 立 (푸른 솔 듬성듬성 서 있고)

人間 여기저기 有 (사람들 여기저기 모여 있네)
所謂 어뜩비뜩 客 (이른바 어뜩비뜩한 건달들이)
平生 쓰나다나 酒 (평생을 쓴술 단술에 빠져 사네)

한자와 한글을 섞어 쓴 시를 처음 본 선비들은 이것도 시냐며 멀뚱거렸다. 더구나 천한 사람들이나 아낙네들이 쓰는 언문을 고귀한 시에 썼다는 것도 이해할 수 없는 일이었다. 그러나 그들은 그 시가 자기네들을 비웃는 내용이라는 것은 알아보았다.
김삿갓은 다시 붓을 들어

'한글과 한자를 섞어 지었다고 시비하는 놈들은 다 내 자식이다.'

이렇게 써 놓고는 급히 자리를 떴다.
자리를 뜬 김삿갓의 뒤통수에 대고 한량들은 주먹질을 해대며 욕을 퍼부었지만, 글로 한번 당한 분풀이는 할 수 없었다.

하나와 둘은 같지 않으나

김삿갓이 금강산 구경을 마치고 안변 고을의 변두리 마을을 지나다 날이 저물어 수막에 들렀다.

주모에게서 들은 이야기가 기가 막혔다.

이 동네 큰말에서 제일 가는 부자는 전씨 노인인데, 불행히도 아들이 1년 전에 죽고, 시집온 지 겨우 3년도 안 된 며느리가 있는데, 유방에 악성 종기가 나서 고생하고 있었다. 갖은 약을 다 썼지만 영 낫지 않았다. 홀로 된 며느리를 안쓰럽게 여기던 전씨 노인이 어느 날 며느리를 불렀다.

"아가, 그 종기 때문에 얼마나 고생하고 있느냐. 그래 몹시 아플 테지?"

며느리는 고개를 숙인 채 유난히 큰 젖가슴을 양손으로 싸안고 모기 소리만한 목소리로 '네' 하고 대답했다.

"아가, 종기라는 것은 뿌리를 뽑아야 낫는 법이다. 뿌리를 뽑으려면 사람이 입으로 빨아서 뽑아야 하는데…."
 순간 며느리의 얼굴은 숯불을 쏟아 부은 듯 새빨개졌다.
 "부끄러워할 것 없다. 이 늙은 시애비를 그저 의원이라고 생각하고, 눈을 감고 어서 그 저고리 고름을 풀어라."
 며느리는 부끄러웠지만, 시아버지의 말을 따랐다.
 그렇게 해서 시아버지와 며느리 사이에 그렇고 그런 짓을 저질렀다는 소문이 마을 안에 파다하다는 것이었다.
 김삿갓은 그 시아버지와 며느리의 정경을 머릿속에 그려 보며 시를 한 수 지었다.

　　父嚼其上 婦嚼其下(부연기상 부연기하)
　　上下不同 其味則同(상하부동 기미즉동)

　　父嚼其二 婦嚼其一(부연기이 부연기일)
　　一二不同 其味則同(일이부동 기미즉동)

　　父嚼其甘 婦嚼其酸(부연기감 부연기산)
　　甘酸不同 其味則同(감산부동 기미즉동)

　　시아비는 위를 빨고 며느리는 아래를 빤다
　　위아래는 달라도 그 맛은 같을 거야

시아비는 둘을 빨고 며느리는 하나를 빤다
하나와 둘은 달라도 그 맛은 같을 거야

시아비는 단것을 빨고 며느리는 신것을 빤다
단맛 신맛은 달라도 그 맛은 같을 거야.

전무후무한 절창, 숫자로 쓴 시

　김삿갓이 한양으로 오는데, 사람 많은 곳에 가까워 올수록 인심이 사나웠다. 해가 뉘엿뉘엿 넘어갈 무렵 스무 가구쯤이 옹기종기 모여 있는 어느 마을에 이르렀다.

　어느 집 대문을 열고 들어가니 마침 부엌에서 저녁밥을 푸고 있는지 밥 냄새가 풍겨 왔다. 밥 냄새를 맡으니 배에서 꼬르륵 소리가 요란했다.

　"지나가는 나그넵니다. 점심도 못 먹고 먼 길을 걸어왔더니 배가 몹시 고프군요."

　밥을 푸던 이 집 며느린지 젊은 여자가 눈꼬리를 하얗게 흘기며

　"멀쩡하게 생긴 사람이 비럭질이야. 우리도 혀 빠지게 농사지어 먹고 산다우. 시집온 지 3년 만에 농사짓느라 폭삭 삭아 버린 내 꼴 좀 보슈."

　쌀쌀맞게 말하고는 부엌문을 닫아 버리는 것이었다.

김삿갓은 하는 수 없이 다른 집으로 갔다. 그 집에서도 문전박대를 당했다.

그렇게 몇 집을 돌아다니다가 겨우 찬 밥 한 그릇에 된장국 한 그릇을 얻을 수 있었다. 그런데, 그 찬 밥에서 쉰내가 코를 찔렀다. 아무리 배가 고파도 그 밥은 도저히 먹을 수가 없었다. 돼지도 먹지 않을 만큼 쉰내가 나는 밥이었다.

"이보시오. 아무리 고약한 인심이기로 나그네에게 밥 한 그릇 주면서 쉰 밥을 준단 말이오."

김삿갓이 너무나 고약한 마을 인심에 화가 나서 한 마디 했다.

"하이고야, 배고프단 말 다 거짓인 모양이네. 싫으면 그만 두슈."

아낙네는 밥상을 거칠게 들고는 부엌으로 들어가 버렸다.

김삿갓은 시 한 수를 지어 마을 동구나무에 붙여 놓고 그 마을을 떴다.

    二十樹下 三十客 (이십수하 삼십객)
    四十家中 五十食 (사십가중 오십식)
    人間豈有 七十事 (인간기유 칠십사)
    不如歸家 三十食 (불여귀가 삼십식)

    스무나무 아래 서러운(30 = 서른 = 서러운) 나그네

망할(40 = 마흔 = 망할) 놈의 집에서 쉰(50 = 오십 = 쉰) 밥을 먹었네
사람으로서 어찌 이런(70 = 일흔 = 이런) 일이 있는가
차라리 집에 돌아가 선(30 = 서른 = 선) 밥이라도 먹으리.

서당 훈장과의 하룻밤

　김삿갓이 평안도 철산에서 날이 저물어 하룻밤 묵어 갈 장소로 서당을 찾았다.
　"지나가는 나그넵니다. 하룻밤 신세를 질까 합니다."
　그러자 대뜸 들려 오는 소리가
　"아니 나그네면 주막에 들 것이지, 서당이 나그네 잠재워 주고 밥 먹여 주는 곳이오?"
하는 퉁명스런 소리였다.
　"노자가 시원치 않아서…."
　김삿갓은 아니꼬운 생각이 들었으나 꾸욱 참았다.
　"그렇게 돌아다니면서 서당 밥께나 축낸 사람인 모양이군. 그래 풍월은 하시오?"
　"네, 조금은 합지요."
　"그럼, 들어오시오."

훈장도 마침 심심했던 참이라, 김삿갓을 방으로 들어오게 하고 내기를 하자고 했다.

"내가 운자를 부르고, 나그네가 시를 짓지 못하면 저녁밥은 없는 걸로 합시다."

"좋습니다. 그 대신 제가 시를 제대로 지으면 훈장 어른께서 술 한 동이 내셔야 합니다."

"그럽시다."

시골 훈장은 까다롭고 어려운 운자를 고르느라 잠시 눈을 감고 윗몸을 좌우로 흔들더니

"멱."

하고 소리를 질렀다. '멱' 자가 입에서 떨어지기 전에 김삿갓은 시 한 구절을 읊었다.

"하고많은 글자 중에 하필 '멱' 자요."

그러자 훈장은 또 '멱' 하고 운자를 연이어 불렀다.

"먼젓번 '멱' 자도 어려운데 또 '멱' 자요."

훈장은 이번에는 꼼짝 못하겠지 생각하고 또 '멱' 하고 운자를 불렀다.

"나그네 하룻밤이 '멱' 자에 달렸구나."

하아 이 작자 봐라, 훈장은 속으로 놀라면서 한 번 더 '멱' 하고 운자를 불렀다.

"산골 훈장이 아는 자는 '멱' 자뿐인가."

훈장은 더 이상 운자를 부르지 못했다.
"나도 글줄께나 한다고 자부하고 있소만, 나그네처럼 어려운 운자를 네 번이나 통과한 사람은 처음이오. 약속한 대로 술 한 동이 내오게 하리다."
김삿갓은 밤새워 술 한 동이를 다 비우고 곯아떨어져 이튿날 해가 중천에 떠오를 무렵에야 눈을 떴다.
김삿갓이 눈을 비비고 보니 윗목에 귀가 떨어지고 칠도 벗겨진 소반에 밥 한 그릇과 간장 한 종지가 놓여 있었다. 김삿갓은 소반을 끌어당겨 밥을 한 숟갈 떠 입에 넣었다.
"에 퇴퇴…."
김삿갓은 밥을 입에 넣고 씹자마자 뱉어 버리고 말았다. 쉰 밥이어서 도저히 먹을 수가 없었다.
엊저녁 마신 술 때문에 속이 쓰렸다. 그는 얼큰한 술국, 따끈하게 데운 막걸리 한 사발이 간절했다.
"훈장 어른, 잘 쉬고 갑니다."
김삿갓이 사립을 나서며 안방에 대고 인사를 했으나, 훈장은 내다보지도 않았다.
"에라 이 속 좁은 늙은이야."
김삿갓은 중얼거리며 종이에 시 한 수를 적어 서당방 훈장의 서탁 위에 놓고 그 마을을 떠났다.

書堂乃早知(서당내조지) 서당이 있음을 내 일찍 알았지만
房中皆尊物(방중개존물) 방 안에는 모두 잘난 체하는 물건뿐이네
學童諸未十(학동제미십) 배우는 아이는 다해야 열도 못 되는데
訓長來不謁(훈장래불알) 훈장이 와도 아뢰지 않는구나

이 글을 흥에 겨워 큰 소리로 읊으면 이런 발음이 된다.
서당은 내 좆이요
방중은 개좆물이라.
학동은 제미씹이요
훈장은 내불알이라.

…우하하하하 얼마나 통쾌하고 해학적인 시인가.

가짜 김삿갓 소동

어느 여름날, 개울가에 한량과 기생 들이 자리를 펴고 앉아 시회를 하는지 가무를 하는지 자못 어지러운 판을 벌이고 있었다.

이 곳을 지나가던 김삿갓이 술 한 잔 얻어 마시고자 그들에게 다가갔다. 한 사내가 벌써 게슴츠레해진 눈으로 김삿갓의 위아래를 훑어보며

"여보시오. 삿갓 쓴 양반. 요즘 삿갓 쓴 떠돌이가 왜 그리 많아. 며칠 전에 우리 집에서 달포나 묵다가 노자까지 얻어서 떠난 삿갓쟁이가 있었는데, 노형도 삿갓이구랴."

하고 비꼬는 듯이 말을 먼저 걸어 왔다.

"이거 죄송합니다. 진짜 김삿갓이 다녀간 줄도 모르고, 술자리에 뛰어들어 죄송하게 되었습니다."

'가짜 김삿갓이라. 지금 이 사람들은 나를 가짜로 알고 있단 말이구나.' 김삿갓은 이렇게 생각하곤 가짜 노릇을 하는 것도 재미

있겠다는 생각이 들었다.
 "하하하, 쉽게 실토를 하는군. 하지만 말이오, 가짜면 어떻고 진짜면 어떻소. 술 한 잔 드릴 테니 풍월이나 한 수 읊어 보시겠소?"
 한량은 불그레한 얼굴에 큰 입을 더 크게 벌리고 웃으며 말했다.
 "좋습니다. 진짜 김삿갓보다는 못하겠지만, 가짜 노릇도 하다 보면 풍월은 조금 읊을 줄 알게 되는 법이지요."
 그러자 장구채를 잡고 있던 기생이 술 한 잔을 따라 김삿갓에게 건네며
 "자 그럼 운자는 제가 부르겠습니다."
하고 앵두 같은 입술을 김삿갓의 귓불 가까이에 대고 운자를 불렀다.
 "기역."
 김삿갓은 너무나도 뜻밖의 운자를 듣고 잠깐 놀랐으나, 받아든 술잔을 기울여 목을 축이고 운자를 받아 시를 읊었다.
 "요하패기역(腰下佩기역)": 허리에는 낫(기역)을 차고
 한량들은 재미있는 구경을 한다는 듯 입을 헤 벌리고 두 사람이 하는 양을 지켜보고 있었다.
 기생은 다시
 "이응."
하고 운자를 불렀다.
 "우비천이응(牛鼻穿이응)": 쇠코를 뚫어 코뚜레(이응)를 꿰었더라.

"리을."
"귀가수리을(歸家修리을)" : 집에 가서 몸(己-리을)을 닦아라.
"디귿."
"불연점디귿(不然點디귿)" : 그렇지 않으면 망(亡-디귿)한다.

김삿갓은 다시 술 한 잔을 마시고는 자리를 털고 일어섰다.
한량들은 그 때까지도 김삿갓의 시가 무슨 내용인지 깨닫지 못하고 있었다.
소치는 아이가 허리에 낫을 차고 있다. 낫은 기역자 모양이다. 소의 코뚜레는 영락없는 이응자 모양이다. 여기까지는 이해가 간다. 그리고 절묘한 표현에 머리가 끄덕여진다.
그런데 문제는 다음 구절이다. 리을은 한자의 몸 기(己)자 모양이다. 그러니 집에 가서 몸이나 닦아라 하는 말은 한량들에게 이렇게 술타작하며 세월 보내지 말고 집에 가서 공부나 열심히 하라는 충고의 말인 것이다.
그리고 '불연점(不然點)디귿'은 글자 그대로 풀면 '디귿에 점 하나 찍지 않으면'이란 말이지만 디귿에 점 하나 찍은 글자는 한자의 망할 망(亡)자가 된다. 그러니 이 구절은 '그렇지 않으면 망한다'는 뜻이다. 한량들을 목동에 비유하여 통렬히 야유하고 충고한 글인 것이다.
한량들은 한참 동안 글귀를 들여다본 후에야 정신이 번쩍 들었다.

"우리가 실수한 거야. 저 사람이 진짜 김삿갓이야. 빨리 찾아서 사과해야 돼."
하고 서둘렀으나, 이미 김삿갓의 옷자락은 보이지 않았다.

사람 같지 않은 사람과 도둑놈 같은 일곱 아들

김삿갓이 어느 마을에서 환갑 잔치 하는 집에 들어가 오랜만에 맛있는 음식을 얻어먹고

"맛있는 음식을 대접받았으니 축하시 한 편 써 드리겠습니다."

하고 종이를 펴놓고 시 한 수를 써내려 갔다.

집 안 가득 모인 축하객들이 김삿갓을 빙 둘러싸고 '저 나그네가 얼마나 좋은 시를 써 주려나' 하는 궁금증에 목을 빼고, 더러는 앞 사람의 가랑이 밑으로 고개를 디밀었다.

김삿갓은 붓 잡은 손을 가슴 앞에 내밀고, 잠시 눈을 감고 시상을 가다듬더니 단숨에 한 구절을 써내려 갔다.

'저기 앉은 환갑 노인, 사람 같지 않으니'

구경하던 사람들이 웅성거리기 시작했다.

"아니 '사람 같지 않다니' 저게 무슨 말이야."
"축하시를 쓴다더니 무슨 수작을 하고 있는 게야."
 여기저기서 수군거리는 소리가 일고, 분위기가 자못 험악해지려고 했다.
 그러나 김삿갓은 들은 체도 하지 않고 다시 붓을 들어 두 번째 행을 써내려 갔다.

 '아마도 하늘에서 내려온 신선인가 보구나.'

 그제서야 사람들은 '그러면 그렇지' 하고 안도의 숨을 내쉬면서 내심 감탄하고 있었다.
 사람들이 모여서 웅성거리자, 이 집 일곱 아들들도 무슨 일인가 하고 사람들 틈을 비집고 김삿갓이 붓을 잡고 있는 모양을 지켜보고 있었다.
 김삿갓은 다시 둘째 연의 첫 구절을 써 나갔다.

 '환갑 노인 일곱 아들 모두가 도둑놈이니'

 다시 사람들은 수군거리기 시작했고, 일곱 아들은 주먹을 불끈 쥐고 여차직하면 나그네의 턱주가리를 날리거나 대문 밖에다 내다꽂을 자세를 하고 있었다. 사뭇 긴장감까지 감돌았다. 그러면서 사람들은 아까처럼 어떤 기상천외한 구절로 사람들을 감탄케 하며 마무리할 것인지 바라보고 있었다.
김삿갓은 둘째 연의 마지막 구절을 써 나갔다.

'하늘에서 천도복숭아를 훔쳐다 잔칫상에 바쳤구나.'

사람들은 무릎을 치면서 감탄했다.
"참으로 놀라운 재주로다. 내 평생 저런 훌륭한 글솜씨를 가진 사람은 처음 본다."
"정말 대단한 사람이다. 천재다 천재야."
사람들은 입을 모아 칭찬했고, 환갑 잔치의 주인공인 최 부자 영감도 기분이 좋아 김삿갓에게 술잔을 건네며
"자 한 잔 더 받으시오. 당신 글로 해서 내 환갑 잔치가 빛났소이다. 이왕 우리 집에 오셨으니 며칠 푹 쉬었다 가시구려."
하고 김삿갓을 붙잡았다.
김삿갓은 이 집 손자들의 글도 가르쳐 주고 하면서 얼마 동안 머무르다가 두둑한 노자까지 얻어 길을 떠났다.

친구 아내 골려주기

　오성 이항복과 한음 이덕형은 우리 나라 역사상 가장 친한 친구이며, 해학과 기지가 뛰어난 정치가들로 알려진 인물이다.
　이 두 사람이 나란히 과거에 합격해서 조정에 나가고, 장가를 들어 가정을 꾸미고 달콤한 신혼 생활을 즐기고 있던 젊은 날의 이야기이다.
　한음 이덕형의 아내가 볼거리를 앓고 있었다.
　장난기가 발동한 오성 이항복이 이덕형의 아내에게 볼거리 퇴치 특별 처방을 가르쳐 주었다.
　"남편이 신던 헌 미투리를 물에다 푹 삶은 뒤, 그 물로 부은 볼을 여러 차례 씻고, 삶은 미투리를 건져 물기를 짜낸 다음, 볼에다 싸매고 있으면, 만 하루만 지나면 씻은 듯이 나을 겁니다."
　이 말을 들은 한음의 아내는 마루 밑에서 남편이 신던 헌 미투리를 찾아 냈다. 절어 있는 발 고린내도 발 고린내지만, 축축한 마루 밑에서 오랫동안 핀 곰팡이 냄새가 더 지독했다.

한음의 아내는 한 손으로 코를 싸쥐고, 한 손으로 미투리를 들어다 빨래 삶는 솥에 넣고 물을 붓고 그것을 삶았다. 온 집 안에 쿠쿠한 냄새가 진동했다.

오성이 가르쳐 준 대로 한음의 아내는 그 물로 볼을 여러 차례 씻고, 미투리를 건져 물기를 짜내고는 한 짝씩 양볼에 대고 수건으로 싸맸다. 키가 크고 발이 큰 남편의 미투리는 얼굴보다 커서 볼의 위아래로 미투리 끝이 삐져 나왔다.

삶은 미투리에서 나는 고약하고 쿠쿠한 냄새를 참으며, 코를 쥐어 잡고 안방에 누워 있는데, 저녁때 퇴근한 한음은 아내의 병세가 궁금해 곧바로 안방으로 들어왔다.

"아니, 당신 그 꼴이 무엇이오?"

한음은 아내의 얼굴을 자세히 들여다보았다.

아내는 부끄러워하며, 오늘 낮에 항복이 찾아와 볼거리 직효 처방이라며 가르쳐 준 미투리 요법을 지금 쓰고 있는 중이라고 설명했다.

아내의 말이 끝나기도 전에 한음은 웃음을 터뜨렸다. 아내는 남편의 갑작스런 웃음에 어리둥절해서 자리에서 일어나 앉았다.

"그래, 그렇게 붙이고 있으니 아픈 것이 조금 나은 것 같소?"

그제서야 아내는 오성의 장난에 말려든 것을 알고, 수건을 풀어 미투리를 마당에 내던졌다.

"하여간 당신, 오성에게 된통 당했소. 하지만 걱정마시오. 내가 복수해 줄 터이니."

그 해 겨울이 왔다. 그 겨울은 유난히 추웠다.
오성의 아내는 겨울만 오면 동상에 걸리는데, 이상하게도 꼭 코 끝에 동상이 오는 것이었다.
이번에도 오성의 아내는 코 끝에 동상이 걸려 고생하고 있었다.
한음이 퇴궐하는데, 오성이 한음에게 이렇게 말했다.
"나, 오늘이 숙직일세. 아침에 출근하면서 깜박 잊고 숙직이란 말을 해 주지 못했거든. 자네가 퇴근하면서 우리 집에 들러 전해 주게."
한음은 '옳다 됐다, 이제야 지난 여름에 아내가 당한 빚을 갚을 기회가 왔다' 하고 쾌재를 불렀다.
한음은 퇴근길에 오성의 집에 들러 숙직임을 전해 주고, 오성의 아내에게 넌지시 말을 던졌다.
"형수님께서 동상으로 고생하신단 말 들었습니다. 내가 동상에 좋은 처방을 알고 있습니다. 한번 써 보시겠습니까?"
"좋은 처방이 있으면 좀 가르쳐 주십시오. 해마다 겨울만 오면 괴롭습니다."
"이렇게 해 보시지요. 열은 열로 다스린다는 말 있지요. 동상은 찬 것으로 다스리면 됩니다. 동상 걸린 부위를 잔뜩 얼린 다음 따

뜨한 방에서 녹이면 됩니다. 꼭 주의할 것은 동상에 걸린 부분만 얼려야 한다는 점입니다."
"어떻게 해야 동상에 걸린 부분만 얼릴 수 있겠습니까."
"그것도 쉽습니다. 창호지를 코 크기만큼 뚫고, 그리로 코를 내밀고, 다른 사람에게 그 코에다 물을 찍어 바르게 해서 얼립니다. 얼면 또 물을 발라 얼리고, 이렇게 여러 차례 해서 꽁꽁 얼거든 따뜻한 방에서 녹입니다. 이렇게 해서 녹이면 아프거나 가렵지 않고 붉은 기운도 없어진답니다."
한음은 집으로 돌아오면서 솟아오르는 웃음을 겨우 참느라 애를 썼다.
오성의 아내는 한음이 돌아가자마자 하녀를 불러 물그릇을 들고 방문 밖에 서 있으라 하고, 창호지를 뚫고 코를 내밀면서 어서 코에 물을 바르라고 했다.
하녀는 별스런 처방도 다 있다고 속으로 중얼거리면서 마님의 코에 물을 발랐다. 물이 얼면 또 물을 바르고, 얼면 또 물을 발랐다.
그렇게 두어 시간쯤 지나자 코가 알싸하게 언 것 같자 오성의 아내는 창구멍에서 코를 뺐다.
그런데 따뜻한 방에서 코의 얼음이 녹자, 코 끝이 근질근질하면서 욱신욱신 쑤시고 아프기 시작했다.
이를 악물고 아픔을 견뎌 냈지만, 신음 소리가 저절로 입 밖으로 새어 나왔다. 코의 통증이 조금 가라앉는 듯싶더니 이번에는 코가 부어올라 어린아이 주먹만큼 커졌다.
 이튿날 아침, 숙직을 마치고 집으로 돌아온 오성은 아내의 코를 보고 깜짝 놀랐다.
 "아니, 그 코가 왜 그렇게 되었소. 찬바람 쐬지 말라고 했더니, 외출이라도 한 거요?"
 아내는 어제 한음이 와서 가르쳐 준 처방대로 했더니 이렇게 되었다고 말했다.
 오성은 아내의 말을 다 듣기도 전에 웃음을 터뜨렸다.
 한음의 장난인 걸 금방 알아챘기 때문이다.
 "지난 여름 내가 저지른 죄값을 이번 겨울에 치르는 것이오."
 영문 모르는 아내가 되물었다.
 "뭐라구요?"

거짓말내기

정수동이 파주 고을을 지나가다 주막에 들렀는데, 사람들이 술상에 둘러앉아 사또 이야기를 하고 있었다.

"세상에 별 이상한 취미를 가진 사또도 다 있지, 그래 거짓말내기를 그렇게 좋아하다니."

"그러게 말이야. 참 이상한 사람이라니까."

그 사람들이 하는 이야기를 정리해 보니 이야기 줄거리가 대강 이러했다.

이 고을 사또는 이야기 듣기를 매우 좋아해서, 누구든 사또에게 거짓말을 해서 "예끼 이 사람아, 그런 거짓말이 어디 있나." 하는 소리를 하게 만들면 상금으로 백 냥을 준다는 것이다. 그리고 만약 그 소리를 사또가 하지 않으면 볼기를 열 대 맞아야 한다는 것이다.

처음에는 여러 사람이 사또 입에서 "예끼 이 사람, 그런 거짓말이 어디 있나." 하는 소리를 나오게 한다고 거짓말에 도전했으나 아무도 성공하지 못하고 볼기만 맞아서, 요즘에는 거짓말을 하겠다고 나서는 사람이 없어, 사또가 영 심심해한다는 것이다.

이 말을 들은 정수동이 주모에게 오래 된 누르끼리한 종이를 한 장 얻어 가지고 사또를 찾아갔다.

오랜만에 거짓말을 하겠다고 나선 사람을 만나니 사또는 기분이 좋았다. 마침 사또는 고을 유지 여남은 사람과 술을 마시며 즐거운 시간을 보내고 있었다.

"상금은 백 냥이요, 벌은 볼기 열 대라는 건 알고 왔으렷다."

"물론입니다. 자 그럼 시작하겠습니다."

정수동은 이야기를 시작했다.

"우리 동네에는 아흔아홉 살 먹은 늙은 처녀가 있었습니다."

"뭐? 아흔아홉 살 먹은 노처녀라?"

"그런데 그 늙은 노처녀가, 시집도 안 간 노처녀가 아기를 낳았지 뭡니까."

"그랬군. 그래 어찌 되었나."

"그런데 태어난 지 열흘밖에 안 된 그 아기가 저를 좀 만나고 싶다고 전갈을 보내지 않았겠습니까."

"그래서 그 아기를 만났나?"

"네, 찾아가서 만났습지요. 그 아기가 책상다리를 하고 앉아서 '나를 이 세상에 태어나게 한 남자가 누구인지 아십니까?' 하고 묻더군요."

"그러니까, 그 아기의 애비가 누구인지 아느냐는 소리렷다."
"제가 모른다고 했더니, 그 아기가 하는 말이 '이 고을 사또입니다.' 그러는 겁니다."
사또는 순간 '예끼 이 사람, 그런 거짓말이 어디 있나.' 하는 말이 튀어나올 뻔했다.
"뭐야? 내가 아흔아홉 살 먹은 노처녀와 아이를 만들었다고?"
"그뿐이라면 저도 덜 놀라겠는데요, 그 아기가 저더러 '사또를 뵙고 빚 천 냥을 받아 주십시오.' 하고 사정을 하는 겁니다. 그러면서 사또에게 보여 주면 알 것이라면서 각서를 한 장 주더군요."
정수동은 품 속에서 누렇게 바랜 종이 한 장을 꺼냈다. 현감이 펼쳐 보니 이런 내용이 적혀 있었다.

　각서
　나 파주 사또는 그대가 만약 내 자식을 낳으면 생활 자금으로 천 냥을 주기로 약속하고 이 각서를 써 준다.
　모년 모월 모일 파주 사또 아무개

"사또 저는 갈 길이 바쁜 사람입니다. 아드님께 줄 돈을 어서 내주시지요. 제가 빈 손으로 가면 아드님께서 늙은 처녀 어머니를 업고 이 곳으로 달려와 따질 것이 아닙니까."
"……."

"그리 되면 안방 마님께서 아시게 되어 큰 야단이 날 것 아닙니까."

"……."

"애초에 사또께서 아흔아홉 살이나 먹은 노처녀를 건드리신 게 잘못이지요. 그러니…."

"예끼 이 사람, 그만두게."

사또가 눈을 크게 뜨고 '예끼 이 사람, 그런 거짓말이 어디 있나' 하고 말할 뻔하다가 간신히 '예끼 이사람, 그만두게' 하고 말한 것이다.

"그만두라니요? 천 냥을 내놓을 테니 가만 있으라는 말씀인지요."

"그게 아니고, 세상에 그런 터무니없는 거짓말이 어디 있나. 그런 거짓말은 입 밖에 내지 말게. 모르는 사람이 들으면 정말인 줄 알겠네."

마침내 사또는 항복하고 말았다. 그러나 정수동은 자리에서 일어나지 않았다.

"사또, 이 이야기는 거짓말이 아닙니다. 여기 각서가 있지 않습니까. 이 각서를 못 믿으시겠다면 제가 가서 사또의 아드님과 아흔아홉 살 먹은 노처녀를 데려오겠습니다."

"그만두라니까. 그런 거짓말은 제발 그만두게."

"하지만, 아흔아홉 살 먹은 노처녀를 직접 보시면…."

정수동은 장난스럽게 계속해서 사또를 놀리고 있었다.
사또는 얼른 상금 백 냥을 꺼내 정수동에게 주면서
"자네 같은 거짓말쟁이는 처음 보네. 자 우리 술이나 한 잔 하세."
하고 술을 내오게 했다.

쥐똥약과 오줌술

봉이 김선달은 평양 사람이다. 동문수학하던 친구가 평양에서 가까운 고을의 사또가 되어 왔다는 소식을 들었다.

봉이 김선달은 사또가 어릴 적 친구인 자기를 찾을 것이라고 생각하고 기다렸으나, 아무 소식이 없었다.

그런 어느 날, 이방이 사또의 심부름을 왔다.

"선달님, 우리 사또께서 진작 찾아뵀어야 하는데, 마침 복통을 앓고 계시느라 인사가 늦으셨다면서 선달님을 꼭 모시고 오라고 소인을 보냈습니다."

봉이 김선달은 어렸을 적의 장난기가 발동했다. 그는 부엌 살강 밑에서 쥐똥을 주워 모아 참기름으로 버무려서 기름 종이에 소중한 물건처럼 싸서 이방에게 전하며

"오늘 나는 급한 약속이 있어 못 가니, 열흘 후에 찾아뵙겠다고 말씀드리고, 이것은 내가 지난 여름에 금강산엘 갔다가 거기서 천

년 묵은 나무에서 딴 열매로 만든 귀한 약이니 사또께 전해 드리게. 아마 이 약을 드시면 사또의 복통은 금새 나을걸세."
하고 말했다.
　이방은 쥐똥약을 귀한 보약인 듯 조심스럽게 가지고 가서 사또에게 전했다.
　사또는 죽마고우가 보낸 귀한 약을, 금강산 쪽으로 무릎을 꿇고 먹었다. 그런데, 그 날 밤이 되자 배가 마치 창자를 날카로운 칼날로 싹싹 베어 내는 것처럼 아팠다.
　사또는 밤새 한잠도 자지 못했다. 이튿날 날이 밝자마자 사또는 의원을 불러 약을 보여 주며, 무슨 약인지 알겠느냐고 물었다.
　의원은 사또가 보여 주는 약을 한 알 손바닥에 올려놓고 고개를 갸웃거렸다. 의원 생활 50년에 처음 보는 약이었다.
　"거참, 생김새는 꼭 쥐똥같이 생겼는데, 고소한 냄새가 나네."
　의원은 중얼거리면서 냄새를 맡아 보고, 한 알을 입에 넣고 이빨로 깨물어 보았다.
　"사또, 아무리 보아도 쥐똥임에 틀림없습니다."
　"뭐, 쥐똥?"
　사또는 어렸을 적 장난꾸러기 김가 놈의 얼굴이 떠올랐다.
　"어허 이 친구, 다 늙어 가는 나이인데도 아직 어렸을 적 버릇을 못 버렸구면."
　사또는 사태를 짐작하고 쓴웃음을 지었다.

열흘 후 사또는 이방을 봉이 김선달에게 보내 "귀한 약을 먹고 복통이 아주 깨끗하게 나왔고, 약속한 열흘이 되었으니 만나 뵙기를 바란다."는 전갈을 보냈다.

봉이 김선달은 쥐똥 먹은 사또의 얼굴을 머리에 떠올리고는 히죽히죽 웃으며 이방을 따라갔다.

사또는 버선발로 뛰어나와, 오랜만에 만난 죽마고우의 손을 잡고, 보내준 약 정말 고맙게 잘 먹었다고 너스레를 떨며 반갑게 맞았다.

"오늘 자네를 위해 특별히 3년 묵은 국화주를 준비했네. 자, 먼저 한 잔 받으시게."

사또는 큰 술잔에 황금색 누런 국화주를 한 잔 가득 부어 김선달에게 권했다.

봉이 김선달은 사또 친구가 손수 따라 준 술잔을 쭈욱 들이켰다. 목울대가 크게 오르내리게 두어 모금 술을 마시던 봉이 김선달이 갑자기 왝왝 토해 내며 술잔을 술상 위에 거칠게 내려놓았.

웬 국화주 맛이 찝찔하고 비리비리했던 것이다.

"아니, 왜 그러나? 국화주가 비위에 맞지 않나?"

사또는 껄껄 웃으면서 실눈을 뜨고 말했다.

"예끼 이 사람, 친구를 초대해 놓고, 오줌을 먹이다니…."

"쥐똥보다야 사람 오줌이 낫지, 안 그런가?"

두 친구는 손을 마주 잡고 방을 뒹굴며 으하하하하 웃어 댔다. 그 아름답고, 즐겁기만 하던 어린 시절로 되돌아간 듯했다.

⑨ 똑똑한 여자들

만리장성과 진시황과 맹강녀
말 한 마디로 왕후가 된 못생긴 노처녀
맹자의 잘못을 지적한 아내
어머니의 훈계
임금의 늦잠 버릇을 고쳐 준 왕후
남편을 출세시킨 아내
남이 주는 것을 먹으면 부림받게 된다
반찬이 많아지면 걱정도 많아진다
노처녀의 나라 걱정
의로운 몸종
아버지를 살린 딸
말 잘하는 시골 여자

만리장성과 진시황과 맹강녀

만리장성을 만 년이 지나도 무너지지 않게 견고하게 쌓으려면 1리를 쌓을 때마다 산 사람 한 사람씩을 집어넣고 쌓아야 한다는 이야기가 떠돌았다. 그러니 만리장성을 쌓으려면 산 사람 1만 명을 희생시켜야 했다.

이런 소문이 퍼져 나가자 모두들 '내가 뽑혀 장성에 산 채로 묻히지 않을까' 전전긍긍했다. 민심이 흉흉해지고 불안한 기운이 온 나라를 감쌀 즈음 또 이런 소문이 떠돌았다.

'소주에 만희량이라는 사람이 사는데, 그 한 사람이면 만 명을 묻는 것과 같다.'

진시황은 정말 소주에 만희량이라는 사람이 사는지 알아보고, 정말로 살고 있다면 잡아 오라고 명령을 내렸다.

소주의 선비 만희량은 이런 소문을 듣고 간담이 서늘해져 괴나리봇짐을 싸짊어지고 먼 곳으로 도망쳤다.

하루는 길 저 편에서 말을 탄 관리들이 달려오는 것을 보고 만희량은 얼른 길가에 있는 집의 담장을 넘어 그 집으로 숨어들었다.

그 집은 맹원외의 집이었다. 맹원외 부부는 나이가 50이 넘었고, 맹강녀라는 양녀를 키우며 살고 있었다.

어느 해 맹씨가 마당 모퉁이에 호박을 한 구덩이 심었는데, 호박덩굴이 뻗어 가 담장을 넘어 옆집 강씨 할머니 집의 지붕으로 올라가서 커다란 호박 한 덩이를 맺었다.

맹씨와 강씨 할머니는 서로 그 호박이 자기 것이라고 주장하다가, 반으로 갈라 나누어 갖기로 하고 호박을 따 왔는데, 호박 속에서 예쁜 여자아이가 나왔다. 두 사람은 이번에는 서로 자기 아이라고 싸웠다. 그러나 아이를 호박처럼 반으로 나누어 가질 수는 없는 일이었다.

그래서 맹씨가 그 아이를 양녀로 삼기로 하고, 강씨 할머니는 맹씨 집에 들어와 살기로 했다. 그리고 아이의 이름도 맹씨의 맹자와 강씨의 강자를 따 와 맹강녀라고 지었다.

그 맹강녀가 이제 16세의 아리따운 처녀가 되어 있었다.

만희량이 숨어든 집이 바로 맹강녀의 집이었다.

만희량이 종려나무 뒤에 숨어 있는데, 아리따운 아가씨가 손에 하얀 부채를 들고 나비를 쫓고 있었다. 노랑나비 한 쌍이 공중에서 춤을 추며 하늘하늘 날아가는데, 숨었다 나타나고, 나타났다 숨고 하면서 연못 쪽으로 날아가고 있었다.

맹강녀가 나비를 쫓다가 그만 발을 헛디뎌 연못 속으로 빠지고 말았다. 숨어 있던 만희량이 쫓아가 맹강녀를 건져 주었다. 이것이 인연이 되어 두 젊은이는 혼인을 하게 되었다.

두 아름다운 젊은이가 혼인한 지 사흘도 지나지 않아 만희량이 맹씨 집에 숨어 있다는 소문이 새어 나가기 시작했다.

혼인한 지 닷새째 되는 날 아침 맹강녀가 자리에서 일어나 머리를 빗고 있는데, 호랑이 같은 관리들이 나타나 만희량을 잡아 갔다.

만희량이 붙들려 간 지 6개월이 지났는데도 아무런 소식이 없었다.

겨울이 다가오자 맹강녀는 남편이 추위에 떠는 환상에서 벗어날 수가 없었다. 맹강녀는 남편을 위해 지어 놓은 솜옷을 싸들고 남편을 찾아 나섰다.

며칠을 걸었을까 커다란 강이 앞을 가로막았다. 맹강녀는 강가에 앉아 눈물을 흘리며 강물을 손바닥으로 두드렸다. 그런데 이상하게도 손바닥으로 강물을 한 번 두드릴 때마다 강물이 한 뼘씩 낮아지는 것이었다. 그렇게 낮아지더니 마침내 강바닥이 드러났다. 맹강녀는 무사히 강을 건널 수 있었다.

맹강녀는 마침내 만리장성을 쌓고 있는 데까지 갔다. 개미 떼처럼 많은 사람들이 돌을 져나르고, 벽돌을 쌓기도 하고 하면서 바쁘게 움직이고 있었다. 영차영차 하는 소리, 욕하는 소리, 고함치는 소리들이 한데 어울려 온통 시끌벅적했다.

일하고 있는 사람들은 옷이 남루했고, 하나같이 장작개비처럼 비쩍 말랐고, 영양 실조와 과로로 해골바가지 같은 얼굴을 하고 있었다. 맹강녀는 남편을 찾아 일하는 사람들을 비집고 다녔지만 남편을 찾을 수 없었다.

공사 감독을 만나니 감독이 이렇게 말했다.

"만희량이라는 사람이 두 달 전에 죽어 장성의 돌틈에 묻어 버렸소."

맹강녀는 가슴이 아프고 눈물이 샘솟아 방성대곡을 했다.

맹강녀의 애절한 통곡에 해와 달도 빛을 잃었고, 사방에서 누런 먼지바람이 일었다.

맹강녀의 통곡에 감염된 듯 일하는 사람들이 하나씩 눈물을 흘리더니 그 많은 사람들이 맹강녀를 따라서 눈물을 흘리며 통곡을 했다. 그러자 갑자기 와르르 천둥치는 소리가 들리면서 위풍당당하게 서 있던 장성이 40리나 무너져 내렸다.

장성이 무너진 곳에는 돌틈에 묻혀 있던 해골들이 와르르 쏟아져 나왔다. 맹강녀는 눈물을 씻고 남편의 해골을 찾았으나 어느 것이 남편 것인지 알 수가 없었다.

갑자기 맹강녀는 손가락을 물어뜯어 피를 해골 위에 떨어뜨리며 말했다.

"남편의 해골이라면 내 피가 뼛속으로 스며들 것이요, 남편이 아니라면 피가 뼈 위에서 흘러내릴 것이다."

이것도 인생이다

이렇게 10여 구의 시신을 지나자 어느 백골에 피가 스며드는 것이었다. 맹강녀는 그 해골을 보자기에 쌌다. 바로 그 때 진시황의 어가가 도착했다.

진시황은 장성이 40리나 무너져 내렸다는 것에 화가 나 있었다. 진시황은 남편을 찾아온 여자가 너무 울어서 장성이 무너졌다는 말을 듣고 그 여자를 데려오라고 했다.

병사들이 데리고 온 맹강녀를 본 진시황의 눈이 휘둥그레졌다.

"나에게 3천 궁녀가 있지만 저 여자의 발뒤꿈치에도 미치지 못하는구나. 나는 너를 데리고 가 황후로 삼을 것이다."

"저의 세 가지 부탁을 들어 주신다면 폐하를 따르겠습니다."

"세 가지가 아니라 서른 가지라도 들어 주마."

"첫째, 장성 바깥 쪽 압록강에 긴 다리를 만들어 주십시오. 마치 하늘의 무지개처럼 아름답고 웅장하게 만들어 주십시오. 둘째, 장성이 있는 곳에 사방 10리의 묘를 만들어 그 곳에 죽은 남편의 뼈를 묻어 주십시오. 셋째, 저의 남편은 폐하 때문에 죽었습니다. 폐하께서 삼베옷을 입고 남편의 무덤에 제사를 올려 주십시오."

"좋다, 세 가지 모두 너의 뜻대로 해 주마."

진시황은 압록강에 무지개 다리를 세우고, 사방 10리나 되는 만희량의 무덤을 만들고, 삼베옷을 입고 제사를 지내 주었다. 남편의 제사가 끝날 무렵 맹강녀는 진시황을 향해

"폐하, 장성 속에 묻힌 저 수많은 영혼들의 저주와 원한을 어찌

하시렵니까. 폐하의 영화는 결코 오래 가지 못할 것입니다."
하고는 무지개 다리 위로 올라가 치마를 뒤집어쓰고 강물로 뛰어
내렸다. 강물은 소용돌이치며 흘러갈 뿐 맹강녀의 모습은 다시 떠
오르지 않았다.

말 한 마디로 왕후가 된 못생긴 노처녀

중국 춘추 전국 시대, 제나라의 무염 고을에 너무 못생겨서 마흔이 넘도록 시집가지 못한 노처녀가 있었다. 그 노처녀의 이름은 종리춘이었다.

종리춘은 정수리가 절구통처럼 패었고, 두 눈은 움푹 들어갔으며 비가 오면 콧속으로 빗물이 들어가지 않을까 염려되는 들창코였다. 손가락과 발가락이 길고 마디가 울퉁불퉁했다. 목울대가 남자처럼 툭 튀어나왔고, 목덜미는 돼지 목처럼 짧고 굵었다. 머리카락은 듬성듬성해서 머리 속살이 훤히 다 보였다. 허리는 굽고 가슴은 앞으로 나왔는데, 거기에다 살갗은 거무튀튀했다.

누가 보아도 정나미가 떨어지는 추녀였다. 그러니 데려가려는 남자가 있을 턱이 없었다. 종리춘은 직접 나서서 시집가기를 바랐지만 모두 도망가다시피 피할 뿐이었다.

종리춘은 궁리 끝에 다 낡은 베옷이지만 깨끗이 빨아 입고, 임금

이 사는 궁궐에 가서
"저는 전하의 성덕을 듣고 왔습니다. 후궁의 청소부 자리라도 좋습니다. 전하께서 허락해 주신다면, 몸이 가루가 되도록 전하를 모시겠습니다."
하고 외쳤다.

이 때 선왕은 신하들과 함께 누대에서 술을 마시고 있었다. 종리춘의 말을 들은 사람들은 모두 손으로 입을 가리고 웃었다. '세상에… 참으로 낯두꺼운 여자도 다 있다.' 사람들은 그렇게 쑥덕거렸다.

선왕이 종리춘을 불러 이렇게 말했다.

"나는 왕비와 후궁들을 모두 갖추고 있다. 지금 너는 시골 농부에게 시집가지 않고 임금인 나에게 와서 배필이 되기를 바라고 있으니, 무슨 별다른 재주라도 갖고 있다는 말이냐?"

"쇤네가 가지고 있는 남다른 재주는 없습니다. 저는 다만 전하의 훌륭하신 덕을 사모할 뿐입니다."

"그렇지만, 아무리 하찮은 재주라도 남보다 잘하는 것이 있을 거 아니냐."

"저는 수수께끼를 좋아합니다."

"그래? 수수께끼라면 나도 좋아하는 편이다. 어디 한번 시험해 보자."

선왕이 이렇게 말하자 종리춘은 눈을 들어 이를 악물고 손을 들

어 무릎을 두드리면서

"위태로운지고, 위태로운지고, 위태로운지고, 위태로운지고."

이런 말을 네 번씩이나 되풀이했다. 선왕은 그 말이 무엇을 가리키는 말인지 해석할 수가 없었다.

"뭐가 위태롭다는 것인지 나를 깨우쳐 주기 바란다."

"전하께서는 지금 이 나라에 네 가지의 위태로움이 있다는 사실을 아시는지요.

우리 나라의 서쪽에는 진나라에 대한 근심이 있고, 남쪽에는 초나라에 대한 근심이 있습니다. 이처럼 밖으로 두 강대국에 대한 근심이 있건만, 나라 안에는 간신들이 들끓고, 백성들은 나라에 대한 사랑과 충성심이 없습니다.

전하께서는 춘추 이미 마흔에 이르렀건만 결단력이 부족하십니다. 여러 왕자에 대한 배려는 없고 수많은 후궁들에게만 마음을 쓰십니다. 아첨하는 사람은 가까이 하시고 충성으로 간하는 사람은 멀리 하십니다. 그러므로 문제가 터지면 사직을 안정시킬 수가 없습니다. 이것이 첫번째 위태로움입니다.

전하를 비롯한 높은 자리에 있는 사람들은 집을 치장하는 데 온갖 사치를 다하고, 몸을 치장하는 데 온갖 보석을 다 답니다. 그런데 백성들은 비가 새는 낡은 집에서 다 해진 옷을 입고, 비바람과 추위를 막지 못하고 살면서 지칠 대로 지쳐 있습니다. 이것이 두번째 위태로움입니다.

어진 이는 산 속에 숨어 살고, 아첨 잘하는 무리들은 궁궐에 모여 바글거리고, 간사한 자와 위선자 들이 성 안에 가득하고, 쓴 말을 서슴지 않는 사람들에게 궁궐 출입은 막혀 있습니다. 이것이 세 번째 위태로움입니다.

전하께서는 무엇이 중요한 것인지 모르고 주연에 빠져 정신을 못 차리시고, 밤을 낮 삼아 여악과 광대 들과 함께 거침없이 웃어 제낍니다. 밖으로는 제후의 위엄을 보이지 못하시고, 안으로는 나라의 일을 돌보지 않으십니다. 이것이 네 번째 위태로움입니다.

그래서 위태롭다는 말을 네 번 거듭한 것입니다."

종리춘의 말을 들은 선왕은 탄식하며

"네가 나의 아픈 데를 사정없이 찌르는구나. 나는 너의 말에 전적으로 동감한다."

하면서 종리춘의 손을 잡았다.

선왕은 즉시 누대를 헐고, 여악과 광대를 내보내고, 아첨배들을 물리치고, 병마를 정돈하고, 나라의 창고가 비지 않도록 했다. 그리고 바른말하는 사람을 불러 모으고, 백성들의 불평과 건의 사항을 받아들였다.

그리고 선왕은 길한 날을 택해 종리춘을 정식 왕후로 삼았다.

맹자의 잘못을 지적한 아내

맹자가 신혼 무렵, 안방으로 들어가려고 방문을 여니, 아내가 어깨를 드러내 놓고 있었다.

맹자는 불쾌하게 여기고 돌아 나와서는 다시 들어가지 않았다. 맹자의 아내는 시어머니에게 '친정으로 돌아가겠다'고 말했다.

"어머님, 저는 부부의 도는 안방에서는 걸리는 것이 없다고 들었습니다. 저는 아무도 없는 안방에서 어깨를 드러내고 있었는데, 서방님은 그러한 저를 보고는 얼굴빛이 변하면서 불쾌하게 여겼습니다. 이런 서방님의 행동은 저를 아내로 여기는 것이 아니라 남으로 여기는 것입니다. 여자는 남의 방에서 묵지 않는다고 배웠습니다. 그러니 친정으로 돌아가려 합니다. 허락해 주십시오."

맹자의 어머니는 며느리의 말을 듣고 아들을 불러

"사람이 밖에서 문 안으로 들어가려 할 때 '누구 없느냐?'고 묻는 것은 내가 왔음을 알리는 것이다. 그리고 마루에 오르려고 할 때는 반드시 기침 소리를 내는데, 그것은 방 안에 있는 사람에게 내가 왔음을 알리는 신호이다. 그리고 방 안으로 들어가면서는 반드시 눈길을 발끝으로 내리는 까닭은 방 안에 있는 사람의 흐트러진 모습을 보지 않기 위해서다. 너는 이런 예절을 지키지 않았다. 그러면서 아내에게 흐트러진 모습을 보였다고 해서 책망하다니, 도리에 맞지 않는 처사가 아니냐."
하고 훈계했다.
 맹자는 어머니에게 잘못했음을 시인하고, 아내에게 잘못을 사과했다.

어머니의 훈계

중국 노나라 때 강경 부인은 아들을 잘 훈계하여 훌륭한 사람으로 키웠다.

아들이 어느 날 윗사람들을 초청해 술을 대접했는데, 안주로 자라 요리를 내놓았다.

자라가 작다고 손님으로 온 윗사람이 화를 냈다.

"이 자라가 자라서 더 커지면 와서 먹겠네."

그는 이렇게 말하고 자리를 박차고 나가 버렸다.

이 말을 들은 강경 부인은 아들에게

"제사는 귀신을 봉양하는 것이고, 잔치는 손님을 봉양하는 것이다. 손님을 봉양하는 데 자라의 크기 때문에 손님을 화나게 하다니, 너는 무엇이 중요한 것인지를 알지 못하는 사람이구나."

하고 나무랐다.

아들이 젊은 나이에 세상을 떠나니, 강경 부인은 며느리에게 이렇게 훈계했다.

"나는 이런 말을 들었다. '남자가 색을 좋아하다 죽으면 여자가 순사하고, 어진 이를 좋아하다 죽으면 선비가 따라 죽는다'고 한다. 지금 내 아들이 죽었다. 나는 아들이 색을 좋아하다 죽었다는 말을 듣고 싶지 않다. 죽은 낭군을 따라 죽겠다는 생각일랑 아예 하지 말기 바란다. 수척한 모습을 보이지 말고, 가슴을 치면서 슬퍼하지 말고, 근심스러워하는 모습을 짓지 말고, 상복을 가볍게 입을지언정 무겁게 입지 마라. 다만 예에 따라 정숙하게 하거라. 이렇게 하는 것이 내 아들의 덕을 드러내는 것이다."

임금의 늦잠 버릇을 고쳐 준 왕후

중국 주나라 선왕의 왕후 강씨는 제나라 사람이었다.
선왕은 일찍 잠자리에 들고 늦잠을 자는 버릇이 있어 조회에 늦게 나가는 바람에 항상 신하들이 오랫동안 기다리고 있어야 했다. 선왕을 모시고 잔 왕후나 비빈들도 선왕보다 먼저 방에서 나올 수 없어, 왕이 일어나 나올 때까지 방에 있어야 했다.
강후는 선왕의 이런 버릇을 고쳐 주기로 맘을 먹었다.
강후는 비녀와 귀고리를 빼놓고, 죄지은 궁녀를 가두어 두는 복도에 가서 꿇어앉아 죄를 빌었다.
"저는 음탕한 마음을 드러내 전하께서 예를 잃고 늦게야 조정에 나가시게 했습니다. 전하께서 여색을 좋아하여 조회에 늦었다는 말을 들으시게 했으니 저의 죄가 큽니다. 임금이 색을 좋아하면 반드시 사치를 좋아하게 되고, 욕망의 한계를 다하시게 됩니다. 그렇기 때문에 나라가 어지러워지는 결과를 가져오는 것이라고 배웠습니다. 전하의 어지러운 행동의 원인이 저에게 있었사오니 부디 저를 벌하여 주십시오."
 이 말을 들은 선왕은
 "내가 부덕한 탓으로 조회에 늦은 것이니, 과실이 나에게 있을 뿐, 어찌 강후의 죄라 할 수 있겠소."
하고, 그후로는 조회에 늦는 일이 없었으며, 강후를 더욱 사랑하고 존경했다.

남편을 출세시킨 아내

 중국 제나라의 재상인 안자의 수레를 모는 마부는 팔척 장신에 풍채가 늠름한 헌헌장부였다.
 어느 날 안자가 수레를 타고 외출할 때, 마부의 아내가 남편의 거동을 보니, 햇볕을 가리는 일산 그늘에 앉아, 수레를 끄는 네 마리의 말에 채찍질을 하면서 의기양양하게 뽐내는 모습이 가관이었다.
 그날 밤, 아내는 남편에게 이렇게 말했다.
 "오늘 수레를 모는 당신의 모습을 보니 참으로 볼 만합디다. 안자는 넉 자도 채 안 되는 작은 몸으로도 제나라를 손바닥 위에 올려놓고 쥐었다 폈다 합니다. 그런데 당신은 팔척 장신 당당한 체격으로도 그분의 마부에 불과합니다. 그런데도 당신은 안자 앞에서 의기양양하고 잘난 척 뽐내고 있었습니다. 나는 그런 당신과는 살고 싶지 않습니다."

아내의 뜻밖의 말에 마부는 놀랍고 당황스러우면서도 와닫는 것이 있었다.
다음 날 안자는 달라진 마부의 태도를 이상히 여겨 까닭을 물었다. 마부는 안자에게 아내가 한 말을 아뢰고 이제부터 겸손하고 늘 공부하는 자세로 살아갈 것이라고 말했다.
안자는 임금에게 마부를 천거하여 벼슬자리에 오르게 하고, 그의 아내를 표창하여 품계가 내려지도록 하였다.

남이 주는 것을 먹으면 부림받게 된다

중국 초나라에 노래자라는 사람이 있었다.

노래자는 학문이 깊었으나, 세상을 피해 숨어 살았다.

갈대로 울타리를 하고, 쑥대로 지붕을 이고, 나무 침상에서 자고, 멍석을 깔고 앉아 책을 읽었다.

헌 솜을 놓아 누빈 옷을 입고, 조나 수수 같은 거친 밥을 먹고 살았다.

초나라 왕이 노래자를 초빙하기 위해 친히 수레를 타고 노래자의 집을 찾아왔다. 그 때 노래자는 대바구니를 엮고 있었다.

"나는 본시 어리석고 모자라는 사람으로, 종묘 사직을 지켜 나가기가 힘겹소이다. 부디 선생께서 나를 도와 이 나라를 잘 다스리게 해 주시오."

초나라 왕이 정중하게 도와 주기를 청했다.

노래자는 "저는 산 속에 묻혀 사는 사람이라 세상 돌아가는 이치를 알지 못합니다. 정사를 감당하기에는 적당치 않습니다." 하고 정중히 거절했다.
　그러나 초나라 왕의 간절한 청에 못 이겨 노래자는 결국 '그렇게 하겠습니다.' 하고 응낙하고 말았다. 초나라 왕이 예를 갖춰 모시러 오겠다는 말을 남기고 돌아간 후, 노래자의 아내가 머리에는 명아주잎을 잔뜩 이고, 옆구리에는 땔나무를 끼고 집으로 돌아오다가 사립 앞에 난 수레바퀴 자국을 보고
"문 밖에 수레바퀴 자국이 있던데, 누가 찾아왔었습니까?"
하고 물었다.
　"초나라 왕이 왔었소. 나더러 정사를 맡아 달라는구려."
　"그래, 허락하셨습니까?"
　"하두 정중히 간청하는 바람에 그만 허락하고 말았소."
　아내는 낙심한 듯, 그러나 정색을 하고 말했다.
　"아랫사람에게 술과 고기를 내려 먹이는 사람은 아랫사람을 회초리로써 따르게 하고, 관직을 내리고 봉록을 주는 사람은 아랫사람을 형틀로써 따르게 한다고 합니다. 이제 당신은 남이 주는 술과 고기를 먹게 되고, 남이 주는 관직과 봉록을 받게 됩니다. 그것은 남의 지시와 명령을 받게 된다는 뜻입니다. 저는 남의 지시나 받고 명령에나 따르는 그런 사람의 아내 노릇은 할 수 없습니다."
　노래자의 아내는 이렇게 말하고 머리에 이었던 바구니를 마당에 내팽개치고 집을 나가 버렸다.

아내의 말에 감동하고, 아내의 태도에 당황한 노래자는 아내의 뒤를 쫓아가며
"여보, 내가 생각을 잘못했소. 당신의 말에 따를 것이니 돌아오시오."
하고 외쳤으나 아내는 뒤도 돌아보지 않고 걸어갔다. 노래자는 아내의 뒤를 따라갔다. 아내가 강남 땅에 이르러 비로소 뒤를 돌아보며 말했다.
"여기쯤에서, 새나 짐승이 털갈이하는 털을 모아 실을 자아 옷을 지어 입고, 도토리 밤을 주워 먹으면서 살기로 하시지요."
노래자는 아내의 뜻에 따라 그 곳에서 살기로 했다. 이렇게 지내는 동안 그들을 따라와 사는 백성들이 한 집 두 집 늘어나 몇 해가 지나자 큰 마을이 이루어졌다.

반찬이 많아지면 걱정도 많아진다

중국 초나라에 자종이라는 사람이 있었다.
초나라 왕은 자종이라는 사람이 학덕이 높고 어진 사람이라는 말을 듣고, 그를 불러 재상을 삼으려고 했다. 왕은 황금과 여러 가지 예물을 자종에게 보내며, 세상에 나와 나라를 다스려 주기를 청했다.
자종이 아내에게
"초나라 왕이 나를 재상으로 삼고자 예물을 보냈구려. 내가 왕의 뜻에 따르면 내일부터 네 마리 말이 끄는 마차를 타고, 많은 부하를 거느리며, 밥상에는 진수성찬이 즐비하게 놓일 것이니, 그렇게 사는 것도 좋지 않겠소?"
하고 왕의 뜻에 따를 마음이 있음을 내비쳤다.
그러자 아내는 정색을 하고 말했다
"당신은 신을 삼아 장에 내다 팔아서 먹고 사는 데 부족함이 있

이것도 인생이다

었습니까. 방 한쪽에는 거문고를 세워 두고 한쪽에는 책을 쌓아 두고, 내키는 대로 거문고를 타기도 하고 책을 읽기도 하면서 유유자적하게 사는 이런 생활이 즐겁지 않습니까.

 네 마리 말이 끄는 마차를 타고, 많은 부하를 거느린다고 해도, 내 몸을 편안하게 뉠 수 있는 것은 한 평의 작은 공간이면 족합니다. 끼니 때 진수성찬을 큰 교자상 위에 빼곡히 늘어놓는다고 한들 맛있게 먹는 것은 한두 가지에 불과합니다. 한 평의 편안한 공간과 한두 가지의 맛있는 음식을 위해 나라 안의 온갖 근심과 걱정을 도맡아 짊어진다면, 당신의 생명이 온전히 지켜질지 걱정이 됩니다."

 아내의 말을 들은 자종은 왕의 청을 거절하고 아내와 함께 다른 고장으로 숨어들어 조용히 살았다.

노처녀의 나라 걱정

중국 춘추 시대, 노나라 칠실 고을에 노처녀가 있었다.

당시 임금인 목공은 이미 늙었고, 태자는 아직 어렸다.

어느 날, 노처녀가 자기 집 기둥을 붙들고 서럽게 흐느껴 울고 있었다.

이웃집 아주머니가 우는 소리를 듣고 찾아와 위로했다.

"아가씨, 왜 이렇게 슬피 우는 건가. 시집가고 싶어서인가? 그렇다면 내가 나서서 중매를 서 줄 테니 너무 걱정말게."

"아주머니, 나는 아주머니는 무얼 좀 아는 사람이라고 믿었는데 너무 모르시는군요. 내가 어찌 시집을 못 가서 슬퍼하겠어요. 나는 우리 나라 임금이 너무 늙었고, 태자는 아직 나이가 너무 어린 것이 걱정되어 울고 있답니다."

뜻밖의 말을 들은 아주머니는 너무나도 엉뚱한 이유에 어이가 없었다.

이것도 인생이다

"그거야 우리 나라 양반님네나 걱정할 일이지, 우리 같은 아녀자가 상관할 일은 아닌 것 같네."

"우리 같은 아녀자가 상관할 일이 아니라니요. 아주머니는 잘 모르시겠지만, 작년에 진나라에서 온 친척이 우리 집에서 묵고 있을 때 그 사람의 말을 동산에다 매어 두었는데, 고삐가 풀어져 말이 뛰어다니는 바람에 우리 아욱밭이 짓이겨져서, 우리 식구는 한 해 동안 아욱국을 먹을 수 없었지요.

또 작년에 옆집 여자가 바람이 나서 어떤 남자와 눈이 맞아 달아났는데, 그 집에서 우리 오빠에게 그들을 잡아 달라고 부탁하는 바람에 우리 오빠가 그들을 쫓다가 강둑에서 미끄러져 강물에 빠져 죽었잖아요. 그래서 나는 오빠를 평생토록 만날 수 없게 되었지요.

이렇게 모든 일은 나와 알게 모르게 이어져 있답니다. 지금 우리 노나라 임금은 늙었고, 태자는 어려 아무것도 모릅니다. 이 틈을 타서 어리석고 거짓말 잘하는 사람들이 조정에 점점 늘어 가고 있습니다.

나라가 어지러워지면, 그 화가 백성에게 미칠 것이니 여자라고 해서 그 화를 피할 수 있겠습니까. 나는 이것이 걱정되어 잠을 잘 수가 없습니다. 아주머니는 아녀자가 상관할 일이 아니라고 하셨지만, 그렇지 않습니다."

"아가씨 생각을 나 같은 사람은 따라갈 수 없겠네."

그로부터 3년이 지난 후, 노나라가 어지러워지자 제나라, 초나라가 연이어 쳐들어오고, 남자들은 너나없이 싸움터로 끌려 가 죽거나 병신이 되거나 했고, 여자들까지 군수 물자를 수송하는 노역에 끌려 가거나, 적군에게 욕을 보거나, 붙들려 가거나 해서 고단해지지 않은 사람이 없었다.

의로운 몸종

중국 춘추 시대, 주나라의 대부에 주보라는 사람이 있었다. 그는 원래 위나라 사람인데, 주나라에 와서 2년 동안 벼슬을 살다가 위나라로 돌아가려 할 때였다.

위나라에 있던 주보의 아내는 그 동안 이웃집 남자와 정을 통하고 있었다. 두 사람은 주보가 돌아오면 자기들의 관계가 들통날까 봐 전전긍긍하고 있었다. 그러던 어느 날 주보의 아내가 정부에게

"내가 독주를 담가 두고 때를 기다리고 있으니 너무 걱정하지 마세요."

하고 속삭였다.

주보가 돌아온 날, 아내는 전에 없이 애교를 떨며

"당신을 위해 술을 담가 놓고 기다리고 있었답니다."

하고 몸종에게 술을 가져오게 했다.

몸종은 그 술이 독주라는 사실을 짐작으로 알고 있었다.

술을 주인에게 갖다 주면 주인은 그 술을 마실 것이 뻔한데, 그 술을 마시고 주인이 죽으면 불의를 저지르는 일이 된다. 그렇다고 이 술은 독주입니다 하고 고자질하면 안주인에게 맞아 죽을 것이다. 그것은 상전에 대한 불충이 된다. 어찌 해야 할 것인가. 몸종의 머릿속은 벌통을 건드려 놓은 것처럼 웅웅거리고 어지러웠다.

몸종은 술을 가져오다가 잘못해서 넘어진 것처럼 하고 넘어져서 술항아리를 뒤엎어 버렸다.

주보는 크게 노해서 몸종을 꾸짖고 회초리로 종아리를 쳤다.

안주인은 몸종이 발설할까 보아 안절부절못했다. 그래서 생각 끝에 엉뚱한 트집을 잡아 몸종을 죽여 없앨 생각을 했다. 몸종은 자기가 죽게 될 것이라는 짐작을 하면서도 독주 문제에 대해서는 끝까지 입을 다물었다.

주보의 동생이 형수의 불륜과 독주에 대한 사실을 알고 형에게 사실을 낱낱이 전하면서 형수를 죽여야 한다고 주장했다. 주보는 아내의 행실을 알고 불같이 노해서 아내를 죽였다.

주보가 몸종을 불러

"네가 내 목숨을 살려 주었는데, 나는 그것도 모르고 너에게 벌을 주었다. 그런데도 너는 끝까지 입을 다물고 있었는데, 왜 그랬느냐?"

하고 물었다.

"제가 만약 고자질해서 상전을 죽게 한다면 그것은 상전의 명예를 더럽히는 일이 됩니다. 제가 몸종으로서 어찌 상전의 명예를 더럽히는 일을 할 수 있겠습니까."

주보는 몸종의 의기를 높이 사서 그녀를 아내로 삼고자 했다. 그러나 그녀는 정중히 거절하면서 이렇게 말했다.

"상전은 욕되게 죽었는데 저는 살아남았습니다. 이는 상전에 대한 충성이 아닙니다. 더군다나 상전의 자리를 대신 차지한다는 것은 죽은 상전에 대한 예가 아닙니다. 제가 만약 충성과 예의를 둘 다 버리게 된다면 저는 살아갈 수가 없습니다."

주보는 그녀의 뜻이 가상하여 많은 상금을 내리고 좋은 배필을 골라 출가시키려 했다.

이 소문을 들은 훌륭한 총각들이 구름처럼 모여들어 다투어 그녀를 아내로 맞고자 했다.

아버지를 살린 딸

중국 춘추 시대, 제나라 임금 경공은 느티나무 한 그루를 몹시 사랑했다. 경공은 감시원을 배치해 두고 느티나무를 보호하는 한편
'이 느티나무를 건드리는 자는 벌을 받는다. 특히 느티나무를 훼상한 자는 사형에 처한다.'
이렇게 경고판까지 세워 놓았다.
어느 날 연이라는 사람이 술에 취해 그 느티나무 가지를 꺾다가 붙잡혔다.
경공은 "감히 임금의 경고를 무시하고, 영을 어기다니." 하고 연을 처형케 했다.
연에게는 열일곱 살 난 딸이 있었는데, 이 딸이 아버지를 살리기 위해 재상인 안자의 집으로 찾아가서, 대문 앞에 엎드려 이렇게 외쳤다.
"쇤네는 끓어오르는 색정을 견딜 수 없사옵니다. 부디 저를 비첩으로 받아 주십시오."
  안자는 이 말을 듣고 어이가 없어 웃으면서
"나 같은 늙은이가 어찌 여자를 탐하겠느냐. 저 처녀에게는 분명히 저렇게 하는 까닭이 있을 것이다. 처녀를 이리 데려오너라."
하고 하인에게 분부했다. 이렇게 해서 연의 딸 정은 안자를 만나게 되었다.
  "네게 무슨 사연이 있는지 아뢰어라."
  "쇤네의 아비 연은 다행히 제나라에서 한 가정을 이루고 잘 살아 왔습니다. 그런데 올해 들어 일기가 불순하고 음양이 고르지 않아 오곡이 제대로 여물지 않았습니다. 그래서 아비는 명산과 신수(神水)를 찾아다니면서 기도와 치성을 드렸습니다. 그러나 아비가 워낙 술을 좋아하여 술에 취해 정신을 잃고 임금의 영을 어기게 되었으니, 죽어 마땅한 죄를 지었습니다.
  제가 듣기로, 어진 임금은 재물을 손해 보았다고 해서 백성에게 형벌을 가하지 않고, 사적인 노여움 때문에 공적인 법을 무시하지 않고, 가축을 위해 백성을 괴롭히지 않고, 들풀을 위해 곡식을 상하게 하지 않는다고 했습니다.
  지난 날 송나라에 큰 가뭄이 들어 3년 동안이나 비가 내리지 않았는데, 점치는 관리를 불러 점을 쳐 보니, 사람을 제물로 바쳐 제사를 지내야 한다는 점괘가 나왔습니다. 그러자 송나라 임금은 뜰로 내려와 머리를 땅바닥에 조아리며 '내가 비를 바라는 까닭은 나의 백성을 살리기 위해서입니다. 그런데 지금 사람을 제물로 바친다면 나는 백성을 죽이게 됩니다.' 하니 말을 채 마치기도 전에 하늘이 사방 천 리에 비를 내렸다고 합니다.

 이것이 무슨 까닭이겠습니까. 그것은 임금이 하늘에 순응하고 백성을 사랑하기 때문이었을 것입니다. 지금 우리 임금께서는 느티나무를 심어 놓으시고 그것을 범하는 사람은 사형에 처한다는 영을 내리셨습니다. 한갓 나무일 뿐인 느티나무 때문에 당신의 백성인 저의 아비를 죽이고, 당신의 백성인 저를 고아로 만들고자 하십니다.

 저는 나라를 다스리는 법이 상처를 입고, 나라를 다스리는 임금이 덕을 잃을까 두렵습니다. 이웃나라에서 이런 이야기를 듣는다면 모두 우리 임금은 나무를 사랑하여 백성을 죽인다고 하면서 그 나라로 쳐들어가면 느티나무가 나라를 지키고 백성들은 앞다투어 도망가겠구나 하고 비웃지 않겠습니까."

 안자는 두려운 마음으로 정의 이야기를 듣고, 다음 날 조정에 나가 임금에게 간언했고, 임금은 안자의 말을 옳게 여겨, 즉시 느티나무에 내린 영을 해제하고, 연을 석방했다.

말 잘하는 시골 여자

중국 춘추 시대, 정나라의 사신이 초나라를 방문했다.

정나라의 사신이 초나라의 시골길에 접어들어 좁은 길을 가고 있는데, 그 때 그 좁은 길로 부인이 수레를 타고 왔다.

정나라 사신의 수레와 부인의 수레가 좁은 길에서 비껴 지나가다가 접촉 사고가 일어났다.

이 사고로 정나라 사신의 수레가 부서졌다. 정나라 사신이 화를 내며, 부인을 수레에서 끌어내려 매질을 하려고 했다. 부인이 정나라 사신을 향해 이렇게 말했다.

"군자는 노여움을 옮기지 않고, 잘못을 두 번 저지르지 않는다고 저는 알고 있습니다.

지금 이 좁은 길에서 저는 수레를 더 나갈 수 없는 데까지 옆으로 대었습니다. 그렇건만 그쪽의 수레를 모는 마부는 조금도 수레를 비키려 하지 않았습니다. 그러니 그쪽의 수레는 부서질 수밖에 없었습니다.

　잘못은 그쪽이 했으면서 도리어 저에게 화를 내며 저를 수레에서 끌어내리니 이것이 어찌 노여움을 옮기는 일이 아니겠습니까. 잘못을 저지른 마부를 꾸짖지 않고 도리어 저를 나무라니 이것이 어찌 잘못을 두 번 저지르는 일이 아니겠습니까.

　보아 하니 높은 자리에 계신 분 같은데, 남의 모범이 되지 못하고, 시골 아낙을 업수이 여기십니까. 이렇게 약자를 괴롭히니 정나라 백성들이 어떻게 살고 있는지 짐작이 갑니다. 안타까운 일입니다."

　정나라의 사신은 그만 부끄러워 말문이 막히고 말았다.

시간과 공간을 초월하여
영원한 고전으로 남아질 수 있는
과거속의 유산을 캐내어
메마른 우리들의 마음밭을
기름지게 가꾸어 줄 수 있는 —

자유문고의 책들

1. 정관정요
오 긍 지음/편집부 해역

당나라 이후 중국의 역대왕실이 모든 제왕의 통치철학으로 삼아 오던 이 저서는 일본으로 건너가 「도꾸가와 이에야스(德川家康)」가 일본 통일의 기틀을 마련하는데 큰 힘이 되었다.

● 258쪽/값 6,000원 〈5쇄〉

2. 식 경
편집부 편역

어떤 음식을 어떻게 섭취하면 몸에 좋은가? 어떻게 하면 건강하게 무병장수 할 수 있는가 등등. 옛 중국인들의 음식물 조리와 저장방법 등 예방의학적 관점에서 그 해답을 얻을 수 있다.

● 258쪽/값 6,000원 〈5쇄〉

3. 십팔사략
증선지 지음/이준영 해역

고대 중국의 3황 5제에서부터 송나라 말기까지 유구한 역사의 노정에서 격랑에 휘말린 인물과 사건을 시대별로 나눈 5천년 중국사를 한눈에 볼 수 있는 역사서.

● 258쪽/값 6,000원 〈6쇄〉

4. 소 학
조형남 해역

자녀들의 인격 완성을 위하여 성인이 되기 전 한번쯤 읽어야 하는 고전. 아름다운 말, 착한 행동, 교육의 기초 등, 인간이 지켜야 할 예절과 우리 선조들의 예의범절을 되돌아 볼 수 있다.

● 328쪽/값 7,000원 〈4쇄〉

5. 대 학
鄭佑永 해역

사회생활에서 지도자가 되거나 조직의 일원이 될 때 행동과 처세, 자신의 수양, 상하의 관계 등에 도움은 물론, 훌륭한 지도자로 성장할 수 있도록하는 조직관리의 길잡이이다.

● 160쪽/값 5,000원 〈3쇄〉

6. 중 용
曹康煥 해역

인간의 성(性)·도(道)·교(敎)의 구체적인 사항을 제시하였다. 도(道)와 중화(中和)는 항상 성(誠)을 가지고 살아가야 한다는 것과 귀신에 대한 문제 등이 심도있게 논의됐다.

● 168쪽/값 5,000원 〈3쇄〉

7. 신음어
呂 坤 지음/편집부 편역

한 국가를 경영하는 요체로써 인간의 마음, 인간의 도리, 도를 논하는 방법, 국가공복의 의무, 세상의 운세 그리고 성인과 현인, 국가를 경영하는 요체 등을 주제로 한 공직자의 필독서이다.

● 256쪽/값 6,000원 〈2쇄〉

8. 논 어
金相培 해역

공자와 제자들의 사랑방 대화록. 공자(孔子)의 '배우고 때때로 익히면 즐겁지 아니한가.'로 시작되는 논어를 통해 공문 제자의 교육법을 알 수 있다.

● 376쪽/값 8,000원 〈5쇄〉

9. 맹 자
全壹煥 해역

난세를 다스리는 정치철학. 백성이란 생활을 유지할 생업이 있어야 변함없는 마음을 가질 수 있고, 생업이 없으면 변함없는 마음을 가질 수 없다.

● 464쪽/값 10,000원 〈4쇄〉

10. 시 경
李相鎭·黃松文 해역

공자는 시(詩) 3백편을 한마디로 대변한다면 '사무사(思無邪)'라고 했다. 옛 성인들은 시경을 인간의 마음을 정화시키는 중요한 교육서로 삼았다. 각 시에 관련된 그림도 수록되어 있다. 〈2쇄〉
● 576쪽/값 12,000 원

11. 서 경
李相鎭·姜明官 해역

요순(堯舜)시대부터 서주(西周)시대까지의 정사(政事)에 관한 모든 문서(文書)를 공자(孔子)가 수집하여 편찬한 책이다. 유학의 정치에 치중한 경전의 하나. 〈2쇄〉
● 444쪽/값 6,000 원

12. 주 역
梁鶴馨·李俊寧 해역

주역은 신성한 경전도 신비한 기서(奇書)도 아니다. 보는 자의 관점에 따라 판단을 내리도록 하는 것이 역의 기본이치이다. 주역은 하나의 암시로 그 암시를 통해 문제를 해결해 나가는 것이다. 〈4쇄〉
● 496쪽/값 12,000 원

13. 노자도덕경
노재욱 편저

난세를 쉽게 사는 생존철학으로 인생은 속절없고 천지는 유구하다. 천지가 유구한 것은 무위 자연의 도를 수행하고 있기 때문이다. 제일 귀중한 것은 자기의 생명이다 라고 했다. 〈4쇄〉
● 272쪽/값 7,000 원

14. 장 자
노재욱 편저

바람따라 구름따라 정처없이 노닐며 온 천하의 그 무엇에도 속박되는 것 없이 절대 자유로운 삶을 영위하는 소요유에서부터 제물론, 응제왕편 등 장주(莊周)의 자유무애한 삶의 이야기이다. 〈3쇄〉
● 260쪽/값 6,000 원

15. 묵 자
박문현·이준영 해역

묵자(墨子)는 '사랑'을 주창한 철학자이며 실천가이다. 묵자의 이론은 단순하지만 그 이론을 지탱하는 무게는 끝없이 크다. 묵자의 '사랑'은 구체적이고 적극적이다.
● 552쪽/값 10,000 원

16. 효 경
朴明用·黃松文 해역

효도의 개념을 정립한 것. 공자의 제자인 증자(曾子)는 효도의 마음가짐이 뛰어났다. 이 점을 간파한 공자가 증자에게 효도에 관한 언행을 전하여 기록하게 한 효의 이론서이다. 〈2쇄〉
● 232쪽/값 4,000 원

17. 한비자(상·하)
노재욱·조강환 해역

약육강식이 횡행하던 춘추전국시대에 순자의 성악설(性惡說)을 사상적 배경으로 받아들여 법의 절대주의를 역설하였다. 법 위주의 냉엄한 철학으로 이루어졌다. 〈3쇄〉
● 상·532쪽/값 10,000 원 하·512쪽/값 9,000 원

18. 근사록
정영호 해역

내 삶의 지팡이. 송(宋)나라의 논어(論語)라 일컬어진 『근사록』은 송나라 성리학(性理學)을 집대성한 유학의 진수이다. 높은 차원의 철학적 사상과 학문이 쉽고 짧은 문장으로 다루어졌다. 〈4쇄〉
● 424쪽/값 8,000 원

19. 포박자
갈 홍 지음/장영창 편역

불로장생(不老長生), 이것은 모든 인간의 소망이며 기원의 대상이다. 인간은 죽음을 초월할 수 있는가? 불로불사(不老不死)의 약은 있는가? 등등. 인간들이 궁금해 하는 사연들이 조명되었다. 〈5쇄〉
● 280쪽/값 6,000 원

20. 여씨춘추 (12紀·8覽·6論)
鄭英昊 해역
● 12紀·376쪽/값 7,000 원
● 8覽·464쪽/값 9,000 원
● 6論·240쪽/값 4,000 원

진시황의 생부인 여불위(呂不韋)가 문객과 함께 심혈을 기울여 이룩한 저서로서 사론서(史論書)이다. 유가(儒家)·도가(道家)·묵가(墨家)·병가(兵家)·명가(名家) 등의 설을 취합하고 있다. 『12기, 8람, 6론』으로 나누어 3천여 학자가 참여한 선진(先秦)시대의 학설과 사상을 총망라하여 다룬 백과전서. 〈2쇄〉

21. 고승전
혜교 저/유월탄 편역

중국대륙에 불교가 들어 오면서 불가(佛家)의 오묘 불가사의한 행적들과 중국으로 전파되는 전도과정에서의 수난과 고통, 수도과정에서 보여주는 고승들의 행적 등을 기록한 기록문. 〈2쇄〉

● 260쪽/값 4,000원

22. 한문입문
최형주 해역

조선시대의 유치원 교육서라고 하는 천자문, 이천자문, 사자소학, 계몽편, 동몽선습이 수록됨. 또 관혼상제 등과 가족의 호칭법 등이 나열되고 간단한 제상차리는 법 등이 요약되었다. 〈3쇄〉

● 232쪽/값 5,000원

23. 열녀전
劉 向 저/박양숙 해역

역사에 큰 발자취를 남긴 89명의 여인들을 다룬 여성의 전기이다. 총 7권으로 구성되었으며 옛여성들이 지킨 도덕관을 한 눈에 볼 수 있는 교양서.

● 416쪽/값 7,000원

24. 육도삼략
조강환 해역

병법학의 최고봉인 무경칠서(武經七書) 가운데 두 가지의 책으로 3군을 지휘하고 국가를 방위하는데 필요한 저서이다. 『육도』와 『삼략』의 두 권이 하나로 합한 것이다. 〈3쇄〉

● 296쪽/값 7,000원

25. 주역참동계
최형주 해역

『주역참동계(周易參同契)』란 주나라의 역(易)이 노자의 도(道)와 연단술(練丹術)과 서로 섞여 통하며 『주역』과 연단은 음양을 벗어나지 못하며 노자의 도는 음양이 합치된다고 하였다. 〈3쇄〉

● 272쪽/값 6,000원

26. 한서예문지
이세열 해역

반고(班固)가 찬한 『한서(漢書)』 제30권에 들어 있는 동양고전의 서지학(書誌學)의 대사전이다. 한(漢)나라 이전의 모든 고전을 일목요연하게 볼 수 있는 서지학의 원조이다.

● 328쪽/값 7,000원

27. 대대례
박양숙 해역

『대대례』의 정식 명칭은 『대대예기』이며 한(漢)나라 대덕(戴德)이 편찬한 저서로 공자(孔子)와 그의 제자들이 예에 관한 기록의 131편을 수집하여 집대성한 것이다.

● 344쪽/값 8,000원

28. 열 자
柳坪秀 해역

『열자』의 학문은 황제(黃帝)와 노자(老子)에 근본을 삼았고 열자 자신을 호칭하여 도가(道家)의 중시조라고 했다. 『열자』는 내용이 재미가 있고 어렵지 않은 것이 특징이다.

● 304쪽/값 7,000원

29. 법 언
揚雄 지음/崔亨柱 해역

전한(前漢)시대 사마상여(司馬相如)의 영향을 받아 대문장가가된 양웅(楊雄)의 문집이다. 양웅은 오로지 저술에 의해 이름을 남기고자 힘써 저술에 전념하였다.

● 312쪽/값 7,000원

30. 산해경
崔亨柱 해역

『산해경(山海經)』은 문학·사학·신화학·지리학·민속학·인류학·종교학·생물학·광물학·자원학 등 제반 분야를 총망라한 동양 최고의 기서(奇書)이며 박물지(博物志)이다. 〈3쇄〉

● 408쪽/값 10,000원

31. 고사성어 (세상이 보인다 돋보기 엿보기)
송기섭 지음
● 304쪽/값 7,000원

일상생활에서 많이 쓰이는 중심되는 125개의 고사성어가 생기게 된 유래를 밝히고 1,000여개 고사성어의 유사언어와 반대되는 말, 속어, 준말, 자해(字解) 등을 자세하게 실어 이해를 도왔다. 〈3쇄〉

32. 명심보감 · 격몽요결

박양숙 해역
● 280쪽/값 6,000원

인간 기본 소양의 명심보감과 공부하는 지침을 가르쳐 주는 격몽요결, 학교의 운영과 학생들의 행동에 대한 모범안을 보여주는 율곡 이이(李珥) 선생의 학교모범으로 이루어졌다. 〈2쇄〉

33. 이향견문록

劉在建 엮음 / 李相鎭 해역
● 상·352쪽/값 8,000원 ● 하·352쪽/값 8,000원

일반적으로 많이 알려지지 않은 숨은 이야기 모음이다. 소문으로 알려져 있는 평범한 이야기도 있고, 기이한 이야기도 있고, 유명한 사람의 이야기를 능가하는 이야기도 있다.

34. 성학십도와 동국십팔선정

이상진 外 2인 해역
● 248쪽/값 6,000원

성학십도는 어린 선조(宣祖)가 성군(聖君)이 되기를 바라는 마음에서 퇴계 이황이 마지막 충절을 다해 집필한 것이다.
동국십팔선정은 우리나라 사람으로서 성균관의 문묘(文廟)에 배향(配享)된 대유학자 18명의 발자취를 나열한 것이다. 〈2쇄〉

35. 시자

신용철 해역

진(秦)나라 재상 상앙의 스승이었다는 시교의 저서로 인의(仁義)를 바탕에 깔고 유가(儒家)의 덕치(德治)를 바탕으로 '정명(正名)과 명분(名分)'을 내세워 형벌을 주창하였다.
● 240쪽/값 6,000원

36. 유몽영

張潮 지음·박양숙 해역

장조(張潮)가 쓴 중국 청대(淸代)의 수필 소품문학의 백미(白眉)로, 도학자(道學者)다운 자세와 차원높은 은유로 인간의 진솔한 삶의 방법과 존재가치를 탐구하였다.
● 240쪽/값 6,000원

37. 채근담

朴良淑 해역

명(明)나라 때 홍자성(洪自誠)이 지은 저서로서 하늘의 이치와 인간의 성(情)을 근본으로 삼아 탁행을 숭상하고 명예와 이익을 가볍게 보아 담박한 삶의 참맛을 찾는 길을 모색하였다.
● 288쪽/값 7,000원

38. 수신기

干 寶 지음/전병구 번역

동진(東晋)의 간보(干寶)가 지은 것으로 '신괴(神怪)한 것을 찾다'와 같이 '귀신을 수색한다'의 뜻으로 신선, 도사, 기인, 괴물), 귀신 등등의 이야기로 이루어져 있다.
● 462쪽/값 10,000원 〈2쇄〉

39. 당의통략

이덕일, 이준영 해역

조선 말기의 정치가이며 학자인 이건창이 지은 책으로 선조(宣祖) 때부터 영조(英祖) 때까지의 당쟁사이다. 음모와 모략, 드디어 영조가 대탕평을 펼치게 되는 일에서 끝을 맺었다.
● 457쪽/값 10,000원

40. 거울로 보는 관상 (원제: 麻衣相法)

辛盛銀 엮음
● 400쪽/값 15,000원

달마조사와 마의선사의 상법(相法)을 300여 도록을 완비하여 넣고 완전 현대문으로 재해석하여 누구나 쉽게 알 수 있도록 꾸민 관상학의 해설서

41. 다경

박양숙 해역

당(唐)나라 육우(陸羽)의 『다경(茶經)』과 일본의 영서(榮西)선사의 『끽다양생기』를 합하여 현대문으로 재해석하고 도록으로 차와 건강을 설명하여 전통차의 효용성과 커피의 실용성을 곁들여 다루었다.
● 240쪽/값 7,000원

42. 음즐록

鄭佑永 해역

사회에 공헌을 하고 선행을 많이 쌓아 자신이 타고난 운명을 바꿀 수 있다는 저서. 음즐이란 말은 "하늘이 아무도 모르게 사람의 행하는 것을 보고 화와 복을 내린다"는 뜻에서 딴 것이다. 어떠한 행동이 얼마만큼의 공덕에 해당하는가에 대한 예시도 해놓았다.
● 176쪽/값 6,000원

43. 손자병법

趙日衡 해역

혼란했던 춘추시대에 태어나 약육강식의 시대를 살며 터득한 경험을 이론으로 승화시킨 손자의 병법서. 전투에서 승리하는 데 필요한 모든 형세와 지형과 기세 등을 살펴 계략을 세우고 실행하는 것에 대한 설명. 현대인들에게는 처세술의 대표적인 책으로 알려졌다.
● 272쪽/값 7,000원

44. 사경

김해성 해역
● 288쪽/값 9,000원

'사람을 쏘려거든 먼저 사람을 쏘아라'라는 부제가 대변해 주듯이 활쏘기의 방법에 대한 개론이다. 활쏘기에 필요한 도구와 마음가짐, 손동작, 발 디디기, 몸가짐, 제도 등의 올바른 것을 제시하여 활쏘기 자체를 초월한 도(道)의 경지에 오르는 길을 설명하였으며, 활쏘기는 궁극적으로 덕(德)을 쌓는 길임을 말하고 있다. 관련된 도록을 넣어 보는 재미도 더했고, 본래 사경에는 활을 쏠 때의 예의에 관한 내용이 없어 『예기』에서 활과 관련된 예(禮)의 부분을 발췌하여 수록하였다.

45. 예기(상·중·하)

池載熙 해역
● 상·448쪽/값 14,000원
● 중·416쪽/값 14,000원
● 하·472쪽/값 14,000원

옛날 사람들의 생활과 관련된 모든 것을 총망라하여 49편으로 구성해 놓은 생활지침서. 옛날 사람들이 어떤 문화를 가지고 살았으며, 어떤 것에 생활의 무게를 두었는가 하는 것들을 살필 수 있다. 또한 오늘날 그 의미를 되새겨 우리 생활에 접목시킴으로써 보다 나은 생활을 영위하는 데 토대가 될 수 있다.

이아

근 간

아주 오래전의 한문 대사전이다. 한문 글자 하나하나의 유래와 뜻과 음을 보여주고 그 글자가 어느 구절에 어떻게 어떠한 뜻으로 쓰였는지에 대해 자세하게 예를 들어가며 적고 있다. 우리가 많이 쓰고 있는 한문 글자 중에서 전혀 예상하지 못하던 글자의 뜻과 음, 그 글자가 쓰이는 구절을 새롭게 알게 된다.

101. 한자원리해법

金徹泳 엮음
● 232쪽/값 6,000원

한자가 이루어진 원리를 부수를 기본으로 나열하여 쉽게 풀어놓았다. 한자의 기본인 부수가 생겨나게 된 원리를 보여주어 한자에 쉽게 다가갈 수 있게 하였다.

〈2쇄〉

102. 쉽게 풀어 쓴 상례와 제례

金昌善 지음
● 248쪽/값 7,000원

편의주의에 밀려난 조상들이 지켰던 상례와 제례를 알기 쉽게 풀어 써서 그 의식에 스며있는 의의를 고찰하고 오늘날의 가정의례 준칙상의 상례와 제례와도 비교하였다. 또한 상례와 제례가 실제 거행되는 50여컷의 사진들을 함께 실어 이해를 돕고 있다.

외날개 새는 어떻게 날아가나 한글로 쓴 동양고전 〈2〉

임종문 지음
● 312쪽/값 9,000원

"동쪽을 바라보는 자는 서쪽을 보지 못하고, 남쪽을 바라보는 자는 북쪽을 보지 못한다. 이것은 자신이 뜻을 두는 쪽이 있어 한쪽만 보기 때문이다." 이처럼 새롭게 세상을 바라볼 수 있는 동양고전.